AVIS D'UNE MERE
A SA FILLE,

EN ALLEMAND ET EN FRANÇAIS.

Avec une traduction interlinéaire de l'allemand.

On trouve chez les citoyens Maradan, Honnert et Kœnig, libraires, les ouvrages suivans, traduits par A. M. H. B.

1°. Morceaux choisis du Rambler, ou *Rodeur*, traduits de Johnson.

2°. *Vie d'Howard*, bienfaiteur des prisonniers.

3°. *Angleterre ancienne*, de Strutt.

4°. *Histoire d'Angleterre*, du docteur Henry.

5°. *Essai* d'un nouveau cours de langue allemande, et *Distiques de Caton*, en trois langues.

6°. *Vie de Milton*, traduite de Johnson.

7°. *La vie de Pikler*, traduite de l'italien de Rossi.

AVIS D'UNE MERE
A SA FILLE,

Par M^{de.} DE LAMBERT;

EN ALLEMAND ET EN FRANÇAIS,

Avec une traduction interlinéaire de l'allemand, propre à faciliter l'étude de cette langue.

Studeat plus prodesse quàm praesse.
Regle de St. Benoît.

Desire d'être utile et non pas de briller ;
Le plaisir du travail ne pourra t'échapper.

A PARIS,

Chez H AGASSE, Imprimeur-Libraire, rue des Poitevins, n°. 18.

AN VIII DE LA RÉPUBLIQUE.

PRÉFACE DE L'AUTEUR

DE LA TRADUCTION INTERLINÉAIRE

DE L'AVIS D'UNE MERE A SA FILLE.

Le public ayant accueilli avec indulgence les deux ouvrages que j'ai déjà donnés pour faciliter l'étude de la langue allemande (1), j'ai cru devoir publier une traduction inter-linéaire de cet écrit d'Anne-Thérese de Cource les, ci-devant marquise de Lambert, décédée en 1733, suivant le Dictionnaire historique. Cette dame respectable était aussi distinguée par ses vertus que par ses talens. « Elle n'était pas seulement ardente (dit » Fontenelle) à servir ses amis, sans attendre » leurs prieres ou l'exposition humiliante de » leurs besoins ; mais une bonne action à » faire, même en faveur des personnes in-» différentes, la tentait toujours ; et il fal-» lait que les circonstances fussent bien con-» traires, si elle n'y succombait pas..... Ses » dernieres années furent accablées de souf-» frances, pour lesquelles son courage na-» turel n'eût pas suffi sans le secours de toute

(1) Les notes, désignées par des chiffres, se trouvent à la fin de cette préface.

» sa religion (2) ». La traduction allemande dont je me suis servi a paru à Leipsick en 1793, chez Martini : elle est intitulée : *Der Marquisin von Lambert sæmmtliche Schriften, frey bearbeitet von Heydenreich*. Je publierai incessamment une traduction interlinéaire : 1°. des Fables de Lessing ; 2°. des Ydilles de Gessner ; 3°. d'une traduction allemande de l'Art poétique de Boileau. Je donnerai même une traduction interlinéaire de quelques morceaux écrits en danois et en suédois ; graces à la complaisance du citoyen Birgerus Thorlacius, jeune Danois très-instruit, qui a bien voulu m'aider de ses conseils. Puissent ceux qui sont versés dans le polonais, le hongrois et les autres langues vivantes de l'Europe, donner pareillemenr des traductions interlinéaires, qui puissent répandre la connaissance de ces idiômes trop peu connus (3) !

NOTES.

(1) Ces deux ouvrages se trouvent chez le cit. Honnert, imprimeur, rue du Colombier, n°. 1160. Je lui dois de la reconnaissance à cause de son amour pour les lettres, qui l'a déterminé à les imprimer à ses frais. Ils ont paru en 1798. L'un est intitulé : *Essai d'un nouveau cours de langue allemande,* ou *Choix des meilleurs poëmes de*

(vii)

Zacharie, *Kleist et Haller*. L'autre porte le titre suivant :
Distiques de Caton en vers latins, français et allemands. Je
réitere ici mes remercîmens au cit. Kœnig, libraire, demeurant à Paris, quai des Augustins, n°. 18, qui a bien
voulu revoir les épreuves de ce volume, et m'aider de
ses conseils. On trouve chez lui une collection précieuse
d'auteurs classiques, de livres allemands et d'excellens
ouvrages en tout genre. J'ai eu beaucoup à me louer de
sa complaisance et de celle du cit. Fuchs, libraire, demeurant rue des Mathurins. Je dois également des remercîmens au cit. Prosper Lottin le jeune, qui a bien voulu
m'encourager par des extraits, qu'il a insérés dans le
Mercure et dans le *Magasin Encyclopédique*.

(2) Voyez les différens recueils suivans, qui contiennent
des faits bien honorables pour l'humanité : 1°. *Bienfaisance française*, par Dagues de Clairfontaine ; 2°. *Vie
d'Howard*, bienfaiteur des prisonniers, traduite par
A. M. H. Boulard ; 3°. *Les Vertus du peuple* ; 4°. *L'Ecole
du soldat* ; (ces deux ouvrages se trouvent chez Nyon
l'aîné) : 5°. *les Annales de la Charité chrétienne*, par le
pere Richard, imprimées à Lille, chez Danel ; 6°. *Les
Éloges des Savans*, par Fontenelle. Rappellons souvent
les noms des Français distingués par leur bienfaisance ;
et songeons que, dans un tems où les ecclésiastiques sont
malheureux, il est du devoir des gens de lettres de rap-
peller qu'on doit au clergé la conservation des écrits de
l'antiquité, et des monumens des divers siecles, un grand
nombre de livres moraux et pacificateurs, le progrès des
lettres et des sciences, la fondation d'une quantité infi-
nie de colléges, d'hôpitaux et d'établissemens d'humanité. Voyez dans le Dictionnaire historique, les articles
1°. de Jean de Matha, fondateur de l'ordre des Mathu-

** **

rins , qui délivrait les captifs ; 2°. d'Arnaud , évêque d'An-
gers ; 3°. de Saint-Vincent de Paule ; 4°. de Bourdaloue ;
5°. de Bernard , dit le Pauvre-Prêtre ; 6°. de Rollin, de
Muratori , de Nicole , de Pluche , de Mabillon ; 7°. de
madame de Miramion. La puissance n'est louée que pendant qu'elle dure ; mais la bienfaisance et le plus noble
de tous les courages (celui de la personne qui expose
long-tems sa vie pour sauver celle des autres) , seront
bénis éternellement. Qu'il nous soit permis d'offrir ici
l'hommage de la reconnaissance des amis de l'humanité
à la citoyenne Poulain , habitante de la ville d'Orléans ,
qui a péri sur l'échauffaud sous le regne de la terreur ,
pour avoir caché chez elle un ecclésiastique infortuné.

> Pour sauver un proscrit , Poulain , tu perds la vie ;
> Le ciel te récompense , et la terre t'oublie ;
> Et le Pinde , gardant un silence honteux ,
> Ne sait , en te chantant , servir les malheureux.

On se ressouviendra toujours de ces beaux vers du
dénouement de la tragédie d'Alzire :

> Des dieux que nous servons , connais la différence ;
> Les tiens t'ont commandé le meurtre et la vengeance ;
> Et le mien , quand ton bras vient de m'assassiner ,
> M'ordonne de te plaindre et de te pardonner.

Ce passage rappelle ces lettres touchantes d'infortunés
curés , déportés à Cayenne , qui , étant sur le point d'y
périr , écrivent à leurs parens pour leur enjoindre de ne
pas venger leur mort, et de pardonner à leurs ennemis.
Voyez la brochure intitulée *Anecdotes secrettes du* 18 *fruc-
tidor* , faisant suite au *Journal de Ramel* , et imprimées à
Paris , chez Gidde , libraire , place Saint-Sulpice ; ou
chez Giguet, maison des Petits-Peres.

Oublions tous nos maux ; prêchons tous la concorde

et la paix ; que la liberté soit promptement rendue à tous les déportés ; et que la déportation au-delà des mers (qui est pour beaucoup de personnes un arrêt de mort) soit abolie !

(3) On ne tire pas assez de parti des secours précieux qu'on a pour l'étude des langues. Le pere Giraudeau a publié des ouvrages très-utiles pour ceux qui veulent apprendre le grec (*) et l'hébreu.

Ceux qui desirent faire de grands progrès dans la langue d'Homere, et acquérir des connaissances curieuses sur la Grece ancienne et moderne, peuvent profiter du cours très-instructif que le cit. de Villoison fait maintenant à la Bibliotheque nationale, tous les jours pairs à 2 heures. Le cit. Weisse, professeur de langue allemande, demeurant rue St. Louis, près le Palais, vis-à-vis le corps-de-garde, a publié un choix de morceaux intéressans, traduits de l'allemand. On lui doit aussi une traduction de *Misantropie et Repentir*, ainsi que des *Deux-Freres*, de Kotzebue. Le cit. Kuhn, professeur de langue allemande, demeure aussi rue Pavée-Saint-Sauveur, n°. 9.

Le cit. Vergagni, libraire, quai de l'Horloge-du-Palais, n°. 28, a aussi publié plusieurs ouvrages utiles, savoir : 1°. *The English Instructor* ; 2°. *The Beauties of the Spectator* ; 3°. des dialogues tirés des comédies de Moliere, en italien, en anglais et en français ; 4°. les *Fables de Dostley*. Molini va publier aussi de nouvelles fables en italien. — Vergagni donne des leçons d'italien.

(*) Le beau Cours de Littérature de Laharpe, qui a été appellé avec raison le Quintilien Français, contient un excellent essai sur les tragiques grecs.

Le cit. Desessarts, libraire, vient de publier un dictionnaire portatif de bibliographie fort utile.

On trouve chez le cit. Benoît Morin, libraire, rue Saint-Jacques, près la rue de la Parcheminerie, tous les cours de langue du feu cit. Adam.

Le cit. L. T. Herissant, ainsi que le cit. Prosper Lottin le jeune, ancien libraire, seraient très-utiles dans une grande bibliotheque publique, par leurs connaissances bibliographiques. J'engage 1°. le cit. Herissant à publier sa belle traduction en vers du *Poëme de Columelle*, ainsi que sa seconde édition des *Principes de style* ; 2°. et le cit. Lottin, à publier ses recherches considérables sur tout ce qui concerne l'Angleterre.

J'engage encore de nouveau le cit. Clouet, professeur d'allemand à l'école des mines, et l'un des chefs de l'institution des colonies, à nous donner des traductions interlinéaires d'ouvrages polonais, russes et hongrois.

Facilitons tellement l'étude des langues, qu'il ne soit pour ainsi dire plus permis de n'en savoir qu'une à l'homme de lettres, au commerçant, à l'ecclésiastique, à l'homme de loi, au militaire et à tout homme qui veut être utile à son pays, ou se procurer une jouissance pouvant lui servir de ressource.

Souhaitons qu'on nous donne une bibliotheque allemande, semblable à l'excellente bibliotheque britannique qu'on doit aux savans Pictet de Geneve.

Fuchs vient de publier des ouvrages savans sur la géographie ancienne, par le cit. Gosselin. Le public doit avoir de la reconnaissance pour les libraires qui, dans des tems si peu favorables au commerce, ont le courage de former des entreprises aussi importantes et aussi utiles.

Jansen a rendu également service, en publiant 1°. l'excellent ouvrage du cit. de Sainte-Croix, sur les anciens gouvernemens fédératifs ; 2°. *la République de Cicéron*, et les *Institutions au droit français*, de Bernardi.

Les cit. Jeauffret ont publié des ouvrages utiles sur l'éducation et contre le suïcide ; les *Œuvres choisies de Fénélon*, etc. Tous ces livres se trouvent chez Leclere et Dugour, libraires.

Leclere, libraire, quai des Augustins, a publié aussi 1°. les *Annales philosophiques, morales et littéraires* ; 2°. La *Grammaire et le Cours des sourds et muets*, de Sicard, bienfaiteur de l'humanité.

Agasse a publié un recueil de *Mémoires sur des établissemens d'humanité*, traduits de l'anglais et de l'allemand.

J'ai essayé de rimer une seconde fois cette belle maxime de Saint-Benoît, qui m'a servi d'épigraphe : *Studeat plus prodesse, quam præesse.* Elle aurait pu être la devise de son ordre justement célebre, comme celle des Freres de la Charité, des Sœurs-Grises, des Ursulines, des Peres de la Mercy et des Religieuses de l'Hôtel-Dieu, aurait pu être la suivante :

Au soin des malheureux, consacrons notre vie.

Voici la seconde imitation de la pensée de St. Benoît, par laquelle je termine cette préface et ces notes, où je divague un peu trop, mais où je n'ai pu me refuser au plaisir de rendre justice à plusieurs personnes que j'estime :

L'insecte fait le miel.... Que produit l'aigle altier ?
Desirons d'être utile et non pas de primer.
Parlons pour le malheur. Prêchons la tolérance ;
La bonté porte en soi sa douce récompense.

(xii)

Adoptons tous cette maxime tirée de la comédie du *Club des Bonnes-Gens*, du Cousin-Jacques : *Mon avis est qu'il ne faut dénigrer ni chagriner personne.*

Je crois rendre service aux pères de famille, en leur indiquant le cit. Fariau, demeurant rue Saint-Jean-de-Beauvais, n°s. 6 et 33, qui donne des leçons de langue latine et française, ainsi que de grammaire, d'histoire et de géographie.

P. S. On observe ici que les mots allemands qu'on a imprimés dans cet ouvrage en lettres italiques, sont en général des mots composés de parties séparables, qu'il faut rapprocher.

Après la traduction interlinéaire, on trouvera dans ce volume et en regard, 1°. d'un côté, l'ouvrage original de madame de Lambert ; 2°. et de l'autre, sa traduction allemande, mais sans traduction française interlinéaire. L'auteur allemand a traduit un peu trop librement l'ouvrage français.

LEHREN EINER MUTTER
LEÇONS D'UNE MERE

FÜR IHRE TOCHTER.
POUR SA FILLE.

---

1. Zu allen Zeiten vernachlæssigte man die Er-
1. Dans tous les temps négligea on l' é-
ziehung der Frauen, dachte blos auf die Bildung
ducation des femmes, pensa uniquement à la formation
des mænnlichen Geschlechts und überliess jene,
du masculin sexe et abandonna celles-là,
gleichsam als gehœrten sie gar nicht zur Mensch-
comme si appartenaient-elles du tout ne pas au genre hu-
heit, ohne Stütze und Leitung, ihnen selbst. Man
main, sans support et guide, à elles-mêmes. On
erwog nicht, dass sie die Hælfte unsrer Gattung
considéra ne pas, qu' elles la moitié de notre espèce
ausmachen; dass Verbindung mit ihnen für Mæn-
composent; que la liaison avec elles pour des hom-
ner nothwendig ist, welche, wenn sie selbst ver-
mes nécessaire est, qui, quand eux-mêmes rai-
nünftig sind, auch sie vernünftig wünschen; dass
sonnables sont, aussi les raisonnables desirent; que
Mænner durch sie glücklich oder unglücklich seyn,
des hommes par elles heureux ou malheureux être,
ganze Hæuser steigen und sinken, kænnen; —
entières des maisons s'élever et tomber peuvent;
man erwog nicht, dass ihnen die Erziehung der
on considéra ne pas, que à elles l' éducation des
Kinder in einem Lebensalter anvertraut ist, wo die
enfans dans un âge de la vie confiée est, où les

A

Eindrücke so lebhaft und so   tief   sind.
impressions si vives   et   si profondes sont.

2. Welche Gesinnungen kœnnen Frauen ihren
2.   Quels   sentimens   peuvent des femmes à leurs

Kindern einflœssen, die   selbst   in ihrer Jugend
enfans   inspirer,   qui elles-mêmes dans leur jeunesse

Gouvernanten aus niedrigen Stænden überlassen
à des gouvernantes de   basses   conditions abandonnées

waren, die ihnen unedle Grundsætze mittheilten,
étaient, qui leur d'ignobles principes communiquaient,

jede schlafende, schüchterne Leidenschaft in ihnen
chaque dormante,   timide   passion   dans elles

weckten, und ihnen Aberglauben für Religion
éveillaient, et   leur   la superstition pour la religion

gaben?
donnaient?

3. Nichts ist so verfehlt, als die Erziehung,
3. Rien ne est si manqué, que l'   éducation,

welche junge Frauenzimmer gewœhnlich erhalten,
que   les jeunes demoiselles   ordinairement reçoivent;

man lehrt ihnen nur den Gebrauch ihrer Reitze,
on   apprend leur seulement l' usage de leurs attraits,

und die Kunst zu gefallen. Weit entfernt, ihnen
et   l' art de plaire. Bien éloigné,   leur

Tugend und Kraft des Charakters einzuflœssen,
la vertu et la force du caractere   de inspirer,

stærkt man nur ihre Eigenliebe, giebt sie der
fortifie on seulement leur amour propre, donne les à la

Weichlichkeit, der Zerstreuung und den Vorur-
mollesse,   à la   dissipation et aux   pré-

theilen Preiss.
jugés   en proie.

4. Um Achtung zu verdienen, meine Tochter,
4. Pour de l'estime   mériter,   ma   fille,

ist es nicht genug dass man sich durchaus dem
est ce ne pas assez qu' on se par-tout à la

æussern Wohlstande angemessen betrage. Grund-
extérieure bienséance conformément comporte. Les prin-

sætze bilden den Charakter; sie nur geben unserm
cipes forment le caractere; eux seulement donnent à notre

Geiste und unserm Willen eine Richtung, welche
esprit et à notre volonté une direction, qui

die Fertigkeit und Dauer aller Tugenden sichert.
la facilité et la durée de toutes les vertus assure.

5. Die Stütze aller solcher Grundsætze ist die
5. L' appui de tous ces principes est la

Religion; sie muss unserm Herzen tief eingeprægt
religion; elle doit à notre cœur profondément empreinte

seyn, und einen allgemeinen Einfluss auf unsre
être, et une générale influence sur notre

moralische Gesinnung haben. Es ist nicht genug,
moral sentiment avoir. Ce n'est pas assez

dass man jungen Personen ihre Pflichten ausüben
qu' on à de jeunes personnes leurs devoirs à pratiquer

lehre, man muss ihnen Liebe zu denselben ein-
apprenne, on doit leur de l'amour pour eux in-

flœssen, muss es dahin bringen, dass sie aus
spirer, doit le au point porter, qu' elles de

freyer Neigung jeder Verbindlichkeit Genüge
propre mouvement à chaque obligation satis-

leisten. Die Tugend hat auch so viel Interesse für
fassent. La vertu a aussi tant d'intérêt pour

uns, dass wir sie nicht für unsre Feindin, sondern
nous, que nous la ne pas pour notre ennemie, mais

für die Quelle aller wahren Ehre, alles Seelen-
pour la source de tout le véritable honneur, de toute paix

friedens und aller Glückseligkeit ansehen müssen.
de l'ame et de tout bonheur considérer devons.

6. Du *trittst* in die Welt *ein,* meine Tochter,
6. *Tu   entres dans le   monde,   ma   fille,*

thu es mit Grundsætzen. Du kannst dich gegen
fais le avec des principes.   Tu   peux   te   contre

das, was dich in der Welt erwartet, nicht zu
ce,   qui   te dans le   monde   attend,   ne pas trop

sehr stærken. *Nimm* (1) deine ganze Religion *mit*
fortifier. Apporte   ta   toute . religion

hinüber, und næhre diese Religion in deinem Herzen
et   nourris cette religion dans   ton   cœur

durch Gefühle, wæhrend du deine Einsicht und
par   des sentimens, pendant que tu   tes   lumieres   &

Ueberzeugung von derselben durch Nachdenken
persuasion   d'   elle   par   des réflexions

und Lekture unterstützest.
et la lecture   étaies.

7. Nichts ist beseligender und nothwendiger,
7. *Ne rien est   plus heureux   et   plus nécessaire,*

für den Menschen, als eine Gesinnung, die uns
pour l'   homme   qu' un   sentiment, qui nous

Lieben und Hoffen lehrt, uns eine glükliche Zu-
à aimer   et   à espérer apprend, à nous un   heureux   a-

kunft gewæhrt, für alle Zeiten passt, die Bande
venir   procure, pour tous les tems convient, les   liens

der Pflichten fester knüpft, und die Kraft unsrer
des   devoirs plus serré noue,   et   la force de notre

moralischen Güte uns selbst und unsern Mitmen-
morale   bonté à nous-mêmes et   à nos   sembla-

schen verbürgt. Diese Gesinnung kann nur die
bles   garantit.   Ce   sentiment   peut seulement la

---

(1) *Nehmen* veut dire *prendre, accepter, recevoir. Mit* signifie *avec.*
Hinüber signifie *au-delà, de l'autre côté, par dessus, par delà.*

Religion gewæhren. Ein Alter sagt,   er hülle
religion   donner.   Un ancien dit, qu'il (1) envelopperait

sich in den Mantel seiner Tugend ; du, meine
se dans le manteau de sa vertu ; toi, ma

Tochter, hülle dich in den Mantel deiner Religion ;
fille, enveloppe toi dans le manteau de ta religion ;

in ihr wirst du eine mæchtige Schutzwehr gegen
dans el'e tu une puissante défense contre

die Schwæchen der Jugend *finden* (2) , und eine
les faiblesses de la jeunesse trouveras , et un

sichere Freystatt für dein reiferes Alter.
sûr asyle pour ton plus mûr âge.

  8. Frauenzimmer, welche ihren Geist nur durch
  8. *Les femmes qui leur esprit seulement par*

Modegrundsætze genæhrt haben , müssen mit dem
des principes à la mode nourri ont , doivent avec l'

Fortgange ihres Lebens in eine Lage kommen,
avancement de leur vie dans une situation venir,

wo sie sich felbst zur Last werden. Die Welt verlæsst
où elles à soi-même à charge deviennent. Le monde quitte

sie, und Klugheit gebietet auch ihnen sie zu verlas-
les, et la prudence ordonne aussi leur le de quit-

sen. Was sollen sie thun? die Vergangenheit erfüllt
ter. Que doivent-elles faire? le passé remplit

sie mit Unruhe, die Gegenwart mit Kummer, und
les d' inquiétude, le présent de chagrin , et

die Zukunft mit Furcht. Nur wenn wir uns
l' avenir de crainte. Seulement quand nous nous

frühzeitig der Religion widmen, kœnnen wir
de bonne heure à la religion consacrons , pouvons nous

---

(1) *Dass*, signifiant *que*, est sous-entendu.

(2) Nous avons mis ici en italique des mots qu'il faut rapprocher.
Wirst est le signe du futur. *Finden* est à l'infinitif, et signifie *trouver*.

dauernder Ruhe sicher seyn. Sie vereinigt uns mit
d'un durable repos sûrs être. Elle réunit nous avec

Gott, søhnt uns mit der Welt aus, und macht
Dieu, reconcilie nous avec le monde (1), et rend

uns einig mit uns selbst.
nous contens (2) avec nous-mêmes.

9. Ein junges Frauenzimmer hat bey ihrem
9. Une jeune femme a à son

Eintritte in die Welt eine hohe Idee von dem
entrée dans le monde une haute idée du

Glücke, welches ihrer wartet, und indem es mit
bonheur, qui l' attend, et pendant qu'elle avec

Unruhe bestrebt ist, diese Idee zu realisiren,
inquiétude occupée est, cette idée de réaliser,

verliert es sich oft genug in Leichtsinn und Un-
perd elle se souvent assez dans la légéreté et l'in-

bestændigkeit.
constance.

10. Die Freuden der Welt sind trügerisch; sie
10. Les plaisirs du monde sont trompeurs; ils

versprechen mehr als sie gewæhren; sie beunru-
promettent plus qu' ils ne procurent; ils inqui-

higen uns, indem wir sie suchen, befriedigen
étent nous, pendant que nous les recherchons, contentent

nicht wenn wir sie geniessen, und machen
ne pas quand nous en jouissons, et font

uns verzweifeln, wenn wir sie verlieren.
nous désespérer, quand nous les perdons.

11. Um deinen Begierden Grænzen zu setzen,
11. Pour à tes desirs des bornes mettre,

---

(1) Nous avons mis en italique quelquefois les particules séparables qui ne forment qu'un seul mot avec le verbe. On voit ici que *aussøhnen* est un seul mot, signifiant *reconcilier.*

(2) Proprement *ein* ou *einig* signifie *un.*

bedenke nur dass du ausser dir kein festes und
pense seulement que tu hors de toi nul solide et

dauerhaftes Glück findest. Ehre und Reichthum
durable bonheur trouves. Honneur et richesse

kœnnen uns nicht lange reitzen, ihr Besitz
peuvent nous ne pas long-tems charmer, leur possession

flœsst uns neue Begierden *ein*, und der œftere
inspire nous de nouveaux desirs , et la fréquente

Genuss *stumpft* uns *ab*. Sage dir es also frühzeitig,
jouissance émousse nous. Dis à toi le donc de bonne heure,

und *präge* dir es tief *ein* dass die wahre
et imprime à toi le profondément que le vrai

Glückseligkeit von der Vernunft herrührt, dass sie
bonheur de la raison provient, qu' il

in einem Frieden der Seele besteht, welcher aus
dans une paix de l'ame consiste, qui de

der Erfüllung unsrer Pflichten folgt. Dann erst
l' accomplissement de nos devoirs résulte. Alors seulement

preise dich selig, meine Tochter, wenn alle deine
estime - toi heureuse, ma fille, quand tous tes

Freuden aus dem innern deiner Seele hervorgehen.
plaisirs de l' intérieur de ton ame sortent.

12. Erst bey reifern Iahren *wirst* du diese
12. Seulement dans de plus mûres années tu cette

Wahrheit nach ihrem vollen Gewichte *fühlen*,
vérité dans son entière importance sentiras,

aber schon jetzt bist du fæhig dich ihr zu næhern
mais déja actuellement es tu capable te à elle de approcher

Ich selbst gewinne dadurch, dafs ich mir sie vergegen-
Moi-même je gagne par-là, que je à moi la rende

wærtige, denn wir kœnnen sie nie zu tief
présente, car nous pouvons la jamais trop profondément

in unsre Herzen graben.
dans nos cœurs graver.

13. Religion und Ehre sind nach dem Wahne
13. La religion et l'honneur sont d'après l'　opinion

der Welt nichts als geheiligte Vorurtheile; ein
du monde de rien que ne sacrés préjugés;　un

wahrer Frevel, vor dem du, meine Tochter, dein
vrai attentat, du quel tu, ma fille, ton

Gefühl retten wirst. Die Religion ist kein Vorur-
sentiment sauveras. La religion est ne point un pré-

theil, besteht nicht aus schwankenden Meinungen,
jugé, consiste ne pas dans de chancellantes opinions,

welche eben so gut zum Irrthum, als zur Wahrheit
qui aussi bien à l'erreur, qu' à la vérité

führen kœnnen. Die Ehre ist freylich ein Werk
conduire peuvent. L'honneur est sans doute un ouvrage

der Menschen, allein die Vernachlæssigung derselben
des hommes, mais la négligence d'icelui

führt grosse Gefahren und Leiden mit sich. Wir
amene de grands dangers et maux avec elle. Nous

müssen also unser Ehrgefühl stærken, und
devons ainsi notre sentiment de l'honneur fortifier, et

ihm die grœsste mœgliche Feinheit ertheilen.
à lui la plus grande possible finesse donner.

14. Betrachte die Tugend, welche man von dem
14. Considere la vertu qu' on du

Frauenzimmer fordert, nicht als ein blosses Erfor-
sexe demande, ne pas comme une pure exi-

derniss der Mode, gewœhne dich nicht etwan (1) an
gence de la mode, accoutume - toi ne pas à

den Gedanken, als ob du deinen Pflichten volle
la pensée, comme si tu à tes devoirs pleine

---

(1) *Etwan* est souvent explétif comme ici.

Genüge

Genüge leistest, wenn du nur deine Handlungen
satisfaction faisais(1), quand tu seulement tes actions

den Augen der Welt entziehest. Du hast zwey
aux yeux du monde dérobes. Tu as deux

Gerichte, denen du nicht ausweichen kannst, das
tribunaux auxquels tu ne pas échapper peux, celui

des Gewissens und das der Welt; das Gericht der
de la conscience & celui du monde; le tribunal du

Welt kannst du tæuschen oder bestechen, aber
monde peux tu gagner ou tromper, mais

nimmermehr dein Gewissen. Das Zeugniss von
jamais ta conscience. Le témoignage de

diesem : « Dass du wahre Güte besitzest, » muss
cela : « Que tu la vraie honnêteté possedes, » doit

dir vor allem nothwendig seyn. Allein desshalb
à toi avant tout nécessaire être. Mais pour çela

darfst du das œffentliche Urtheil nicht verachten;
dois tu le public jugement ne pas mépriser;

diese Verachtung zieht gemeiniglich Verachtung der
ce mépris attire communément le mépris de la

Tugend selbst, nach sich.
vertu méme, après soi.

15. Wenn du mehrere Erfahrungen in der Welt
15. Quand tu plusieurs expériences dans le monde

gemacht haben wirst, wirst du einsehen, dass Bedro-
fait auras, tu verras, que les me-

hungen der Gesetze nicht nœthig sind, um uns in
naces des lois ne pas nécessaires sont, pour nous dans

den Schranken der Pflicht zu halten. Die Beyspiele
les limites du devoir tenir. Les exemples

---

(1) Cela signifie *satisfaisois pleinement à tes devoirs.*

B

von Personen , welche sich durch ihre Immoralität
des   personnes ,   qui   se   par   leur   immoralité

in das Verderben stürtzten , müssen auch der gewal-
dans la   ruine   précipitaient , doivent aussi à la   plus

tigsten Leidenschaft Einhalt (1) thun kœnnen. Gibt
puissante   passion   obstacle   faire pouvoir. Existe-

es wohl unter den Frauen , die der Welt leben ,
t-il bien   parmi   les   femmes , qui dans le monde vivent ,

eine , welche nicht , wenn sie aufrichtig seyn will ,
une ,   qui   ne pas ,   si   elle   sincere   être   veut ,

gestehen müsste , dass nichts uns unglücklicher machen
avouer   doive ,   que rien ne nous plus malheureux   faire

kann , als wenn wir uns vergessen ?
peut ,   que quand nous nous   oublions ?

16. Schaam vor uns selbst, ist ein Gefühl ,
16. La honte vis-à-vis de nous-mêmes est un sentiment ,

von welchem wir den grœsten Nutzen ziehen
du   quel   nous   la plus grande   utilité   tirer

kœnnen, wenn wir es gehœrig   leiten. Ich rede
pouvons ,   si   nous le convenablement dirigeons. Je parle

nicht von iener falschen Schaam , die   nur unsre
ne pas de cette   fausse   honte ,   qui seulement notre

Ruhe stœrt, ohne dass unsre Sitten dadurch gewinnen,
repos trouble , sans que   nos mœurs par-là   gagnent ,

ich meyne die , welche uns von Fehltritten
je entends celle ,   qui   nous   de   faux pas

zurückhælt , indem wir uns zu entehren fürchten.
détourne ,   quand   nous nous   déshonorer craignons.

Oft   ist diese Schaam der treueste Hüter der
Souvent est   cette   honte   le plus fidele gardien de la

---

(1) *Einhalt thun* signifie *arrêter ,* *s'opposer.* *Halten* signifiant *tenir ,* ou plutôt *halt ,* interjection qui signifie *arrête ,* est l'étymologie du mot français
halte.

weiblichen Tugend ; wenige sind tugendhaft durch
féminine vertu ; peu sont vertueuses par
ihre Tugend allein.
leur vertu seulement.

17. Es giebt grosse Tugenden, welche, wenn
17. Il y a de grandes vertus, qui, quand
man sie bis auf einen gewissen Grad besitzt,
on les jusqu' à un certain degré possede,
für viele Fehler Verzeihung bewirken : bey den
pour beaucoup de défauts pardon operent : chez les
Mænnern ist es der hœchste Grad von Uner-
hommes est ce le plus haut degré de cou-
schrockenheit und Geistesstærke, bey dem Frauen
rage & force d'esprit, chez les fem-
zimmer der hœchste Grad von Schamhaftigkeit.
mes le plus haut degré de pudeur.

18. Man verzieh der Agrippina, der Gemahlin
18. On pardonnait à Agrippine, la femme
des Germanikus, alles, weil sie so keusch war ;
de Germanicus, tout, parce que elle chaste était ;
sie wær ehrsüchtig und stolz, aber alle ihre
elle était ambitieuse & fiere, mais toutes ses
Leidenschaften, sagt Tacitus, waren durch ihre
passions, dit Tacite, étaient par sa
Keuschheit geheiligt.
chasteté consacrées.

19. Bist du für ein feines und zartes Gefühl,
19. Es - tu pour un fin & tendre sentiment,
in Hinsicht deines guten Rufs, gestimmt, meine
sous le rapport de ta bonne renommée, disposée, ma
Tochter! fürchtest du von Seiten der wesentlichen
fille! crains - tu du côté des essentielles
Tugenden angegriffen zu werden ; wohl dann, es
vertus attaquée de être ; eh bien, il

giebt ein Mittel deine Furcht zu heben und deine
existe   un   moyen   ta   crainte   de   lever   &   ta
Delikatesse zu befriedigen ; diese besteht darinn,
délicatesse   de   contenter ;   celui-ci   consiste   en   cela,
dass du wirklich tugendhaft seyst. Sey unablæssig
que   tu   réellement   vertueux   sois.   Sois   sans cesse
bestrebt deine Gesinnungen zu læutern, bringe sie
occupée   tes   sentimens   de   épurer,   porte   les
alle in Harmonie mit der Vernunft und dem
tous   en   harmonie   avec   la   raison   &   la
Gedanken der wahren Ehre, befleissige dich deine
pensée   du   véritable   honneur,   occupe   toi   ta
eigne Zufriedenheit zu verdienen. Du wirst dir
propre   satisfaction   de   mériter.   Tu   à toi
dadurch eine Fülle sichrer Freuden, Lob und
par-là   une   quantité de certaines   joies, approbation &
Achtung unter deinen Mitmenschen erwerben. Er-
estime   parmi   tes   semblables   acquerras.   Ac-
wirb dir nur erst wahre Tugenden, dann
quieres à toi seulement d'abord de vraies   vertus,   ensuite
wird es dir nie an Menschen fehlen, welche
il à toi jamais en   hommes   manquera,   qui
dich schætzen.
te   estimeront.

20. Frauenzimmer sind nicht bestimmt zu glæn-
20. Les femmes   sont ne pas   destinées   à débril-
zenden Tugenden, ihnen gehœren die einfachen und
lantes   vertus,   à elles appartiennent les simples   &
friedlichen Tugenden. Fama belastet sich nicht
paisibles   vertus.   La renommée charge   se   ne pas
mit unsern Verdiensten. Ein Alter sagt: «Glænzende
avec   nos   mérites.   Un   ancien dit : « De brillantes
Tugenden sind für die Mænner, und lasst dem
vertus   sont pour les   hommes,   & il laisse aux

Frauenzimmer nur das einzige Verdienst, in der
femmes seulement le seul mérite, dans le

Stille zu wirken. Nicht diejenigen Frauen, sagt
silence de travailler. Ne pas ces femmes, dit-

er: die man am meisten lobt, sind auch die lobens-
il, que on le plus loue, sont aussi les plus

würdigsten; jene sind es, von denen man gar nicht
louables; celles-ci sont le, desquelles on du tout ne pas

spricht. » Der Gedanken scheint mir schief, allein
parle. » La pensée paraît à moi erronée, mais

er enthælt doch das Wahre, dass man Welt und
elle contient cependant cette vérité, que on le monde &

Glanz, die allezeit der Schamhaftigkeit Eintrag thun,
l'éclat qui toujours la pudeur blessent

vermeiden, und sich daran begnügen muss, sein
éviter, & se y contenter doit, son

eigner Zuschauer zu seyn.
propre spectateur de être.

21. Tugendhaft zu seyn ist für die Frauen um so
21. Vertueux être est pour les femmes d'autant

schwerer, da der Ruhm sie in der Ausbildung
plus difficile, que la gloire les dans la pratique

ihrer Tugenden nicht unterstützt. Sich selbst
de leurs vertus ne pas soutient. A soi - même

genügen, und gleichsam einheimisch bey sich seyn,
suffire, & pour ainsi dire indigene chez soi être,

nichts regieren, als nur sich, und sein Hauswesen,
ne rien gouverner, que seulement soi, & son ménage,

sich der Einfachheit, der Gerechtigkeit und der
se à la simplicité, à la justice & à la

Bescheidenheit befleissigen, sind schwere Tugenden,
modestie appliquer, sont de difficiles vertus,

denn sie sind geræuschlos und machen kein Ansehen.
car elles sont sans éclat & font aucune apparence.

22. Man muss viel Verdienst besitzen, um über
22. On   doit beaucoup de mérite posséder, pour au-dessus
æussern Glanz erhaben zu sein, und viel Energie,
d'extérieur éclat élevé   être, & beaucoup d'énergie,
um nur in seinen eignen Augen tugendhaft zu
pour seulement à ses propres yeux   vertüeux
seyn. Der Gedanken unsers guten Rufes muss
être. La - pensêe de notre bonne réputation doit
eigentlich nichts weiter als eine Stütze für unsre
proprement ne rien plus que un · appui pour notre
Schwæche seyn. Weit entfernt dass er der entschei-
foiblesse être. Bien loin que elle le déci-
dende Beweggrund unsrer Handlungen seyn sollte,
sif   motif de nos actions être doive,
muss uns vielmehr einzig das reine Bewustseyn
doit à nous plutôt uniquement la pure certitude
unsrer Pflicht bestimmen; jenen guten Ruf
de notre devoir fixer; cette bonne réputation
müssen wir nur als eine zufællige Folge
devons - nous seulement comme une accidentelle suite
unsrer Tugend betrachten.
de notre vertu considérer.

23. Du musst dich, meine Tochter, überzeugen,
23. Tu dois te, ma fille, convaincre,
dass Vollkomenheit und Glückseligkeit zusamen-
que la perfection & le bonheur sont
hangen, dass du nur durch Tugend glückselig
réunis, que tu seulement par la vertu heureuse
seyn kannst, und dass unsre meisten Leiden nur
peux être, & que nos la plupart maux seulement
von unsern moralischen Fehltritten herrühren.
de nos moraux faux pas proviennent.
Wæhrend jede Verletzung unsrer Unschuld Kum-
Pendant que chaque violation de notre innocence cha-

mer nach sich zieht , folgt auf Tugend jederzeit
grin après soi entraîne , suit la vertu toujours

für die , welche ihr treu bleiben, Freude.
pour ceux qui à elle fideles restent , la joie.

24. Glaube nicht , dass Schamhaftigkeit die
24. Crois ne pas , que la pudeur la

einzige Tugend des Weibes sey. Viele Frauen-
seule vertu de la femme soit. Beaucoup de fem-

zimmer kennen nur sie , sie bilden sich ein ,
mes connoissent seulement elle, elles imaginent se ,

dass sie dadurch von allen übrigen Pflichten der
que elles par-là de tous autres devoirs de la

Gesellschaft entbunden sind , dass sie übermüthig
société déliées sont , que elles arrogantes

und verlæumderich sein kœnnen , wenn sie nur
& médisantes être peuvent , quand elles seulement

nie von den Gesetzen der Schamhaftigkeit
ne jamais des lois de la pudeur

abweichen.
s'éloignent.

25. Anna von Bretagne , jene stolze und
25. Anne de Breragne , cette orgueilleuse &

herrschsüchtige Prinzessin, verursachte Ludwig dem
impérieuse princesse , causait à Louis le

Zwœlften viele Leiden , und oft sagte dieser
douzieme beaucoup de souffrances , & souvent disait ce

gute Prinz, wenn er ihr nachgab : « Man muss
bon prince , quand il à elle cédait : « On doit

die Keuschheit der Weiber theuer bezahlen. »
la chasteté des femmes cherement payer. »

26. Lass dir, meine Tochter , die deinige gar
26. Fais à toi , ma fille , la tienne pas du

nicht bezahlen; denke , dass diese eine Tugend
tout payer ; pense , que celle ci une vertu

ist, welche du dir selbst schuldig bist, und
est, de laquelle tu à toi - même redevable es, et

welche Werth und Glanz verliert, wenn sie nicht
qui le mérite et l'éclat perd, quand elle ne pas

von den übrigen Tugenden begleitet wird.
des autres vertus accompagnée est.

27. Suche aber deiner Schamhaftigkeit die
27. Cherche mais à ta pudeur la

grœsste Zartheit zu geben. Die Unlauterkeit unsrer
plus grande délicatesse à donner. La impureté de nos

Gesinnungen *geht* unmerklich von dem Herzen
sentimens passe insensiblement du cœur

in den Mund *über*, verunreinigt und verunedelt
dans la bouche souille et avilit

unsere Gespræche.
nos discours.

28. Selbst die lebhaftesten Leidenschaften
28. Même les les plus vives passions

bedürfen der Schamhaftigkeit, wenn sie in einer
ont besoin de la pudeur, quand elles dans une

reizenden Gestalt erscheinen sollen; diese muss
attirante forme paraître doivent; celle-ci doit

sich über alle deine Handlungen verbreiten, muss
se sur toutes tes actions étendre, doit

deine ganze Person zieren und verschœnern.
ton entiere personne orner et embellir.

29. Man sagt, Jupiter habe, da er die Leiden-
29. On dit que Jupiter avait quand il les pas-

schaften des Menschen bildete, einer jeden ihre
sions des hommes forma, à une chacune son

Wohnung angewiesen; die Schamhaftigkeit schien
habitation assigné; la pudeur parut

vergessen zu seyn, und als sie sich zeigte, ward
oubliée être, et comme elle se montra fut

ihr

ihr vergœnnt, sich unter alle übrigen zu mischen.
à elle permis, se parmi toutes les autres de se mêler.

Und seit dieser Zeit ist sie von den Tugenden
Et depuis ce tems est elle des vertus

unabtrennlich; sie ist eine Freundin der Wahrheit,
inséparable; elle est une amie de la vérité,

und verræth die Taüschung, wenn sie einen Angriff
et décele le mensonge, quand il une attaque

auf jene wagen will, sie ist mit der Liebe durch
sur elle risquer veut, elle est avec le amour par

enge Bande verknüpft, begleitet sie stets, ist
d'étroits liens lié, accompagne le toujours, est

oft ihre Verrætherin, die Liebe verliert allen
souvent sa décélatrice, le amour perd tout

Reiz, wenn sie wegfællt.
attrait, quand elle cesse d'y être.

30 Dein erster Schmuck sey Bescheidenheit,
30. Que ta premiere parure soit la modestie,

sie gewæhrt grosse Vortheile; sie erhœht die
elle procure de grands avantages; elle releve la

Schœnheit und ist gleichsam eine Ergænzung
beauté et est comme un complément

derselben; der Missgestalt selbst dient sie zu einem
d'elle; à la laideur même sert elle d'un

mildernden Schleyer.
adoucissant voile.

31. Es ist traurig dass Hæsslichkeit gewœhnlich
31. Il est triste que la laideur ordinairement

den Werth eines Frauenzimmers in Schatten stellt.
le mérite d'une femme dans l'ombre place.

Wen interessirt es, die Vorzüge des Geistes und
Qui est intéressé, les qualités de l'esprit et

Herzens hinter einer ungünstigen Figur zu suchen?
du cœur sous une défavorable figure de chercher?

C

Und wie viel kostet es, ehe das Verdienst eines
Et combien coûte-t-il, avant que le mérite d'une

hæsslichen Frauenzimmers die Wirkung ihrer Gestalt
laide femme le effet de sa figure

überwindet!
surmonte!

32. Du bist nicht ohne Reize, aber auch keine
32. *Tu es ne pas sans attraits, mais aussi pas une*

Schœnheit; man wird dir nichts schenken, und
beauté; on à toi ne rien donnera, et

diess muss dich verbinden, dir wahren Werth zu
cela doit te obliger, à toi un vrai mérite de

erwerben.
acquérir.

33. Schœnheit gewæhrt einem Frauenzimmer
33. *La beauté procure à une femme*

viel; sie ist, sagt ein Alter, *eine kurze Tyranney*
beaucoup; elle est, dit un ancien, une courte tyrannie

und das erste Privilegium der Natur; schœne
et le premier privilége de la nature; de belles

Personen tragen Empfehlungsbriefe an der
personnes portent des lettres de recommandation sur la

Stirne. Sehr wahr, Schœnheit *flœsst* jederzeit eine
front. Très-vrai, la beauté inspire toujours un

angenehme Empfindung *ein*, welche für ein
agréable sentiment, qui pour une

Frauenzimmer einnimmt.
femme prévient.

34. Der Vorzug, eine Schœnheit zu seyn, ist
34. *Le avantage, une beauté de être, est*

dir von der Natur versagt; um so strenger wird
à toi de la nature refusé; d'autant plus séverement

man dich beurtheilen. Entferne also von deinem
on te jugera. Eloigne donc de ta

Betragen alles, was dich in den Verdacht bringen
conduite tout , ce qui te dans le soupçon amener

kœnnte, als tæuschtest du dich in der Schætzung
pourrait, comme trompais tu te dans la estimation

deiner Gestalt ; eine mittelmæssige Figur mit dem
de ta figure ; une médiocre figure avec le

Ansehen der Anmassung ist hœchst widrig. Weder
air de la prétentionest extrêmement désagréable. Ni

in deinen Gespræchen , noch in deiner Kleidung
dans tes discours , ni dans ton habillement

verrathe sich Kunst , oder, wenn du dir sie erlaubst,
trahisse se le art , ou , quand tu à toi le permets ,

wisse sie wenigstens auch zu verbergen ; die feinste
sache le au moins aussi cacher ; le plus délicat

Kunst ist immer diejenige , welche man nicht
art est toujours celui que on ne pas

bemerkt.
remarque.

35. Unsre Talente und Reize dürfen wir nicht
35. Nos talens et agrémens devons-nous ne pas

vernachlæssigen , denn Frauenzimmer sind bestimmt
négliger , car les femmes sont destinées

zu gefallen ; aber weit angelegentlicher müssen
pour plaire ; mais beaucoup plus sérieusement devons-

wir daran denken uns wahren Werth zu geben.
nous à cela penser à nous un vrai mérite de donner.

Die Wirkung unsrer Gestalt dauert eine kurze Zeit ;
Le effet de notre figure dure un court tems ;

nichts ist trauriger als die spætere Lebensperiode
ne rien est plus triste que la plus avancée période de la vie

von Frauen, die nur schœn waren. Hast du eine
des femmes, qui seulement belles étaient. As - tu une

Person des andern Geschlechts durch deine
personne de l'autre sexe par ton

Annehmlichkeit an dich gezogen, so mache sie
agréme·t   à   toi   attiré,   fais   la

zu deinem Freunde und suche sie bloss durch
ton   amie,   et cherche la seulement par

wahren Werth zu fesseln.
un vrai mérite de enchaîner.

36. Est ist schwer, bestimmte Regeln zu
36. Il est difficile, de déterminées regles pour

gefallen zu geben. Reize ohne Verdienst gefallen
plaire   de donner. Des Attraits sans mérite plaisent

nicht lange, und Verdienst ohne Reize erwirbt
ne pas long-tems, et le mérite sans attraits acquiert

Achtung, aber rührt nicht. Frauenzimmer müssen
estime,   mais touche ne pas. Les Femmes doivent

also ein liebenswürdiges Verdienst besitzen, müssen
donc un   digne d'amour   mérite posséder, doivent

die Grazien mit den Tugenden verbinden. Ich
les graces avec les vertus   lier.   Je

schranke das Verdienst eines Frauenzimmers nicht
borne   le mérite d'une   femme   ne pas

auf die Schamhaftigkeit ein, ich gebe ihm einen
à   la   pudeur,   je donne à lui une

grœssern Umfang. Alle Tugenden, die man nur von
plus grande étendue. Toutes les vertus, que on seulement

dem Manne fordern kann, Redlichkeit, Gewissen-
de l'homme exiger peut, la probité, la con-

haftigkeit, Freundschaft, müssen auch die Zierden
science,   l'amitié, doivent aussi les ornemens

eines liebenswürdigen Weibes seyn; sie muss ausser
d'une aimable   femme être; elle doit outre

den Annehmlichkeiten ihrer Gestalt, auch noch
les   agrémens   de sa figure, aussi encore

Reize von Seiten des Herzens und ihrer Gefühle
des attraits du côté du cœur et de ses sentimens

haben.
avoir.

37. Nichts ist schwerer, als ohne jene Bemü-
37. Ne rien est plus difficile, que sans cette atten-
hung zu gefallen, welche Coquetterie verræth.
tion de plaire, qui la coquetterie décele.
Sinnlichen Mænnern, wie die gewœhnlichen Welt-
Aux sensuels hommes, comme les ordinaires gens du
menschen sind, gefallen Frauenzimmer immer
monde sont, plaisent les femmes toujours
mehr wegen ihren Fehlern, als wegen ihren guten
plus à cause de leurs défauts, que à cause de leurs bonnes
Eigenschaften. Sie wollen nur von den Schwæchen
qualités. Ils veulent seulement des faiblesses
liebenswürdiger Personen Gewinn ziehen; mit ihren
d'aimables personnes gain tirer; avec leurs
Tugenden *würden* sie nichts zu machen *wissen.*
vertus sauraient ils ne rien faire.
Achten wollen sie überhaupt nichts, und belustigen
Estimer veulent ils sur-tout ne rien, et amusent
sich lieber mit veræchtlichen Personen, als dass sie
se plutôt avec de méprisables personnes, que ils
dem Werthe tugendhafter Personen huldigten,
au mérite de vertueuses personnes rendent hommage,
welches ihnen læstig ist.
qui leur à charge est.

38. Man muss das menschliche Herz kennen,
38. On doit le humain cœur connaître,
wenn man gefallen will. Die Mænner haben weniger
quand on plaire veut. Les hommes ont moins
Sinn für wahre Trefflichkeit, als für den Reiz
de goût pour la vraie excellence, que pour le charme
des Neuen. Allein die Blüte der Neuheit dauert
du nouveau. Mais la fleur de la nouveauté dure
nicht lange; was uns jetzt als neu
ne pas long-tems; ce qui à nous maintenant comme nouveau

gefiel, missfællt uns bald als etwas
plaisait, déplaît à nous bientôt comme quelque chose
Gemeines.
de commun.

39. Um den Geschmack der Mænner für das
39. Pour le goût des hommes pour le
Neue zu beschæftigen, muss man viele Hülfsquel-
nouveau occuper, doit on beaucoup de res-
len und verschiedene Arten von Vorzügen in sich
sources et différentes especes de qualités en soi
vereinigen. Man muss nicht bloss auf die Wirkung
réunir. On doit ne pas seulement sur le effet
kœrperlicher Annehmlichkeiten rechnen, muss
des corporels, agrémens compter, on doit
vielmehr dem Geiste eine Mannigfaltigkeit von
plutôt à l'esprit une multiplicité de
Liebreizen und Verdiensten darbieten, dadurch
graces et de mérites procurer, par-là
unterhælt man die Gefühle des mænnlichen Herzens
soutient on les sentimens du masculin cœur
und læsst es in einem und demselben Gegenstande
et fait le dans un et le même objet
alle Freuden der Unbestændigkeit geniessen.
de tous les plaisirs de l'inconstance jouir.

40. Mædchen besitzen von Natur ein lebhaftes
40. Les filles possedent de la nature un vif
Verlangen zu gefallen. Da ihnen die Wege
desir de plaire. Comme à elles les chemins
verschlossen sind, welche zum Ruhme und zum
fermés sont, qui à la gloire et au
Ansehen führen, so nimmt ihr Ehrgeiz eine andre
crédit conduisent, prend leur ambition une autre
Richtung, und sie suchen sich natürlich durch
direction, et elles cherchent se naturellement par

die Wirkungen ihrer Reize zu entschædigen.
les effets de leurs attraits de dédommager.

41. Schœnheit tæuscht die Person welche sie
41. *La beauté trompe la personne qui la*

besitzt, sie berauscht die Seele. Bedenke indessen
possede, elle enivre la ame. Pense cependant

dass zwischen dem schœnen Weibe und dem welches
que entre la belle femme et celle qui

es nicht mehr ist, nur sehr wenig Jahre liegen.
le ne pas plus est, seulement très - peu d'années sont.

Ueberwinde den zu mæchtigen Hang zu gefallen,
Surmonte le trop puissant penchant de plaire,

der deinem Geschlechte eigen ist; zeige ihn
qui à ton sexe propre est; montre le

wenigstens nicht. Setze dem Geschmacke für Klei-
au moins ne pas. Mets au goût pour l'ha-

dung Grænzen, und mache die Befriedigung
billement des bornes, et fais la satisfaction

desselben nicht zu deinem Hauptgeschæfte; der
de lui ne pas ta principale occupation; le

wahre Reiz *hængt* nicht von einem zu gesuchten
vrai attrait dépend ne pas de une trop recherchée

Putze *ab*. Man muss der Mode Genüge leisten,
parure. On doit à la mode satisfaire,

wie man die Pflichten einer læstigen Knechtschaft
comme on les devoirs d'une pesante servitude

ausübt, muss ihr nichts gewæhren, als wass man
pratique, doit à elle ne rien accorder, que ce que on

ihr nicht abschlagen darf. Kœnnte man die Mode
à elle ne pas refuser ose. Si pouvait on la mode

auf einen festen Fuss von Vollkommenheit, Bequem-
sur un solide pied de perfection, de com-

lichkeit, und Annehmlichkeit setzen, so wære sie
modité, et d'agrément mettre, serait elle

vernünftig, und verdiente Achtung; allein da
raisonnable, et mériterait de l'estime; mais comme

sie immer und ohne Grund wechselt, so erscheint
elle toujours et sans fondement change, paraît

sie mehr wie eine læcherliche Thorheit, denn
elle plus comme une ridicule folie, plutôt

als Gegenstand des guten und feinen Geschmacks.
que sujet du bon et fin goût.

42. Der gute Geschmack verwirft die übertriebene
42. Le bon goût repousse la excessive

Delicatesse; er behandelt Kleinigkeiten als Kleinig-
délicatesse; il traite bagatelles comme baga-

keiten, und beschæftigt sich nur flüchtig
telles, et occupe se seulement passagérement

mit ihnen.
avec elles.

43. Reinlichkeit ist etwas angenehmes und
43. La propreté est quelque chose d'agréable et

nimmt allerdings unter den weiblichen Reizen
occupe sans doute parmi les féminins charmes

einen Platz ein; allein sie wird kleinlich, wenn
une place; mais elle devient mesquine, quand

man sie übertreibt. Es verræth mehr Geist, wenn
on la outre. Il décele plus d'esprit, quand

man sich über unbedertende Dinge ein wenig
on se sur de insignifiantes choses un peu

vernachlæssigt, als wenn man zu viel Sorgfalt
néglige, que quand on trop de soins

darauf verwendet.
à cela prodigue.

44. Junge Frauenzimmer bekommen leicht Lan-
44. Les jeunes femmes prennent aisément de l'en-

geweile; unbekannt mit der Welt lassen sie sich von
nui; inconnues avec le monde laissent elles se avec

jedem

jedem sinnlichen Gegenstande hinreissen. Indessen ist
chaque sensuel objet entrainer. Cependant est

die Langeweile das geringste Leiden, welches sie zu
le ennui le moindre mal, que elles à

fürchten haben. Ausgelassene Vergnügungen ver-
craindre ont. D'immodérés plaisirs com-

tragen sich mit der Tugend nicht, sie sind allezeit
portent se avec la vertu ne pas, ils sont toujours

gefæhrlich. Wenn auch ein Frauenzimmer den
dangereux. Quand aussi une femme la

Wohlstand noch so genau beobachtet, und sich
bienséance aussi scrupuleusement observe, et se

in den Grænzen der Schamhaftigkeit hælt, so
dans les bornes de la pudeur retient,

bekœmmt es dennoch, so bald es sich den lebhaf-
prend elle pourtant, aussi tôt que elle se aux plus

tern Vergnügungen hingiebt, eine Gleichgültigkeit
vifs plaisirs abandonne, une indifférence

gegen das, was man Tugend nennt, und wird
envers ce, que on vertu nomme, et devient

saumselig in der Ausübung ihrer Pflichten. Man
négligente dans le exercice de ses devoirs. On

sieht die Wirkungen dieses Giftes nicht, dessen
voit les effets de ce poison ne pas, dont

geringste Folgen die sind, dass es die Ruhe
les moindres suites sont que il le repos

unsers Lebens stœrt, unsern Geschmack verdirbt,
de notre vie trouble, notre goût gâte,

und uns gegen alle einfache Vernügungen fühlos
et nous envers tous les simples plaisirs insensibles

macht.
fait.

45. Zeige dich nicht immer im Schauspiele, es
45. *Montre toi ne pas toujours dans le spectacle, il*

D

ist gegen die Würde eines Frauenzimmers; nicht zu
est contre la dignité d'une femme; sans

gedenken, dass eine beständige Zerstreuung dieser
penser, que une constante dissipation de cette

Art sich mit der weiblichen Tugend schwerlich
maniere se avec la feminine vertu difficilement

vereinbaren lässt, und der häufige Besuch des
allier laisse, et la frequente visite du

Theaters vielleicht auch für den Geschmack nach-
théâtre peut-être aussi pour le goût préjudi-

theilig ist, so versteht auch ein Frauenzimmer,
ciable est, ainsi entend aussi une femme,

es sey nun schœn oder ohne Reize, sein Interesse
que elle soit belle ou sans attraits, son intérêt

wenig, wenn es sich immer vor dem Publikum
peu, quand elle se toujours devant le public

zeigt; es wird alltæglich, und wohl gar veræchtlich.
montre; elle devient quotidienne, et même méprisable.

46. Wenn du nur für das Vergnügen lebst,
46. Si tu seulement pour le plaisir vis,

meine Tochter, so kannst du einer gewissen Leere
ma fille, peux tu à un certain vuide

der Seele nicht entgehen, so bald du entweder den
de l'ame ne pas échapper, aussi-tôt que tu ou le

Geschmack am Vergnügen verlierst, oder aus
goût au plaisir perds, ou par

Grundsætzen der Vernunft ihm entsagen musst.
principes de la raison à lui renoncer dois.

Suchst du dauernde Freuden, so *siehe* das Vergnügen
Cherches tu de durables plaisirs, regarde le plaisir

überhaupt nur als Erholung von ernsthaften
principalement seulement comme délassement de sérieuses

Beschæftigungen *an.* Die Vernunft sey nur immer
occupations. La raison soit seulement toujours

deine Gesellschafterin , und gewiss wirst du keine
ta compagne , et certainement tu nul

Leere der Seele fühlen , wenn du auch der
vuide de l'ame sentiras , quand tu aussi aux

Vergnügungen entbehren musst.
plaisirs renoncer dois.

47. Wenn wir ein unverdorbenes Herz besitzen,
47. Quand nous un non corrompu cœur possédons,

wissen wir von allem Gewinn zu ziehen , und alles
savons nous de tout profiter , et tout

gewæhrt uns Genuss. Sind unser Geist und unser
procure à nous jouissance. Sont notre esprit et notre

Herz nicht durch verführerische Bilder der Einbil-
cœur ne point par de séduisantes images de l'ima-

dungskraft , oder durch eine heftige Leidenschaft
gination , ou par une ardente passion

verstimmt , so findet sich der Frohsinn leicht ,
désaccordés , alors trouve se la bonne humeur aisément ,

Gesundheit und Unschuld sind seine wahren Quellen.
la santé et l'innocence sont ses vraies sources.

Hat man sich aber einmal unglücklicherweise an
A t'on se mais une fois malheureusement aux

rauschende Vergnügungen gewæhnt , so wird man
bruyans plaisirs accoutumé , devient on

für den Genuss der einfachen und sanftern
pour la jouissance des simples et plus doux

abgestumpft.
émoussé.

48. Man muss sich vor jenen grossen Erschüt-
48. On doit se de ces grands ébran-

terungen der Seele hüten , welche nur Langeweile
lemens de l'ame préserver, qui seulement l'ennui

und Ekel zur Folge haben ; sie sind jungen
et le dégoût pour suite ont ; ils sont aux jeunes

Frauenzimmer um so gefæhrlicher, da sie sich
femmes   d'autant plus dangereux,   que elles se

von ihren Gefühlen leicht hinreissen lassen.
par leurs   sentimens aisément entraîner   laissent.

49. « Die Mæssigkeit, sagt ein Alter, ist die
49. « La   modération,   dit   un ancien, est la

reichste Quelle des Vergnügens ». Wer ihr getreu
la plus riche source du   plaisir ».   Qui à elle fidele

bleibt, kann auf Gesundheit der Seele und des
reste,   peut sur la santé de   l'ame et   du

Leibes rechnen, geniesst einer süssen und sich
corps   compter,   jouit   d'une douce et à soi

immer gleichen Freude, bedarf keiner Schauspiele
toujours égale   joie, a besoin de nuls   spectacles

und keines grossen Aufwandes. Eine interessante
et de nulle grande   dépense. Une   intéressante

Lekture, eine Arbeit, eine Unterhaltung verursachen
lecture,   un travail, un   entretien   causent

einen wahrern Genuss, als der ganze Prunk
une   plus vraie jouissance, que le tout appareil

rauschender Vergnügungen.
de bruyans   plaisirs.

50. Verfahre planmæssig in allen deinen
50. Agis   suivant un plan dans tous   tes

Entwürfen und Handlungen. Glücklich wære es,
projets   et   actions. Heureux serait il,

wenn man wegen seines Vermœgens gar nicht
si   on à cause de   sa fortune   pas du tout

besorgt zu seyn brauchte; allein da das deinige
soigneux de être avait besoin; mais comme la   tienne

eingeschrænkt ist, so musst du dir die Regel der
bornée   est,   dois tu à toi la regle de

Sparsamkeit zu eigen machen. Thust du dieses nicht,
l'économie   approprier.   Fais tu cela ne pas,

so *werden* deine Umstænde bald in Unordnung
tes affaires bientôt en désordre

gerathen, und eine solche Situation ist für die
seront, et une pareille situation est pour la

Moralitæt eines Frauenzimmers gefæhrlich.
moralité d'une femme dangereuse.

51. Hoffahrt *führt* gewœhnlich Zerrüttung der
51. *Le faste amene ordinairement la ruine de*

Vermœgensumstænde *herbey*, und ist beynahe immer
la fortune, et est presque toujours

von Verderbniss der Sitten begleitet.
de la corruption des mœurs accompagné.

52. Allein man braucht, um von jener Seite
52. *Mais on a besoin, pour de ce côté*

Ordnung zu unterhalten, gerade nicht geizig zu seyn.
ordre entretenir, justement ne pas avare de être.

Geiz bringt überhaupt wenig Gewinn, und entehrt
L'avarice apporte sur-tout peu de gain, et déshonore

den Menschen. Indem man sich jener Ordnung
le homme. Pendant que on se de cet ordre

befleissigt, muss man nichts weiter suchen, als
occupe, doit on ne rien plus chercher, que

diejenige Schande und Ungerechtigkeit zu vermeiden,
cette honte et injustice de éviter,

welche mit einer regellosen und verschwenderischen
qui avec une déréglée et prodigue

Lebensart verknüpft ist. Man muss die überflüs-
maniere de vivre attachée est. On doit les super-

sigen Ausgaben nur desshalb wegschneiden,
flues dépenses seulement pour cela retrancher,

um jene welche Wohlstand, Freundschaft und
pour celles que la bienséance, l'amitié et

Menschenliebe fordern, desto anstændiger machen
la charité exigent, d'autant plus convenablement faire

zu kœnnen.
pouvoir.

53. Man gewinnt in Rücksicht seiner Oekonomie
53.   On   gagne   eu   égard   à son   économie

nicht so wohl durch ængstliche Aufmersamkeit auf
ne pas   tant   par   pénible   attention   aux

Kleinigkeiten, als vielmehr durch gute Ordnung
petites choses,   que   plutôt   par   bon   ordre

im Ganzen.
dans le total.

54. Plinius sagt zu seinem Freunde, als er ihm
54.   Pline   dit   à   son   ami,   comme il à lui

eine betræchtliche Obligation zurückschickte, die er
une   considérable   obligation   renvoyait,   que il

von seinem Vater in den Hænden hatte: « Ich
de   son   pere   dans les   mains   avait: « Je

habe wenig Vermœgen, und bin zu einem grossen
ai   peu   de biens,   et   suis à   une   grande

Aufwande verbunden; allein ich habe mir in meiner
dépense   obligé;   mais je   ai à moi dans   ma

Mæssigkeit gleichsam   einen Fonds erœffnet,
tempérance   pour ainsi dire   un   fonds   ouvert,

der mich in den Stand setzt, gegen meine Freunde
qui   me dans l'   état   met,   envers mes   amis.

so gefællig zu seyn, als ich es bin. » So schrænke
si complaisant   d'étre,   que je le suis. » Ainsi   borne

auch du, meine Tochter! deine Lieblingsneigungen
aussi toi,   ma   fille !   tes   goûts favoris

und Vergnügungen *ein*, um dich dadurch fæhig zu
et   plaisirs   pour   te   par-là capable

machen, jener edlen Menschenliebe *Genüge zu leisten,*
rendre,   à cette noble   charité   satisfaire,

welche jede Person, deren Herz nicht entartet ist,
que   chaque personne, dont le cœur ne pas dégénéré est,

besitzen muss.
posséder   doit.

55. Ueberwinde die Bedürfnisse der Eitelkeit.
55. Surmonte les besoins de la vanité.

Man muss es sich nie zum Zwecke machen, durch
On doit le se non pour but faire, par

seine Annehmlichkeiten eine andere Person seines
ses agrémens une autre personne de son

Geschlechts zu übertreffen. Næhre einen edlen
sexe de surpasser. Nourris une noble

Ehrgeiz, *lass* nie *zu*, dass irgend ein Mensch mehr
vanité, ne souffre jamais que un homme plus

Ehrgefühl, Rechtschaffenheit und Geradheit
de sentiment d'honneur, de probité et de droiture

besitze als du. Mache die Tugend zu deinem
posséde que toi. Fais la vertu pour ton

herrschenden Bedürfnisse; Armuth des Herzen ist
dominant besoin; la pauvreté du cœur est

schlimmer, als Armuth an Gelde.
pire, que la pauvreté de l'argent.

56. Gründe, wæhrend du noch jung bist, deinen
56. Fonde, pendant que tu encore jeune es, ta

guten Ruf, und Ordnung in deinen Angelegen-
bonne réputation, et ordre dans tes affaires;

heiten; in einem spætern Alter würde es dir
dans un plus tardif âge le à toi

schwer werden. Karl der fünfte sagte : « Das Glück
plus difficile seruit. Charles le cinquieme disait : « La fortune

liebe junge Leute ». In deiner Jugend begünstigt
aime les jeunes gens ». Dans ta jeunesse favorise

dich alles, kommt alles dir entgegen. Junge
te tout, vient tout à toi au-devant. Les jeunes

Frauenzimmer herrschen, ohne daran zu denken.
femmes dominent, sans y penser.

Wirst du ælter seyn, dann unterstützt dich nichts
deviendras tu plus âgée, alors soutient te ne rien

mehr, verschwunden ist dann jener verführerische
plus, disparu est alors ce séduisant

Reiz, der sich über alles verbreitet; nur Vernunft
charme, qui se sur tout répand; seulement la raison

und Wahrheit bleiben dir dann noch treu, die
et la vérité restent à toi alors encore fidelles, qui

aber leider die Welt nicht beherrschen.
mais hélas le monde ne pas gouvernent.

57. « Ihr gehet (sagte Montagne zu den jungen
57. « Vous allez (disait Montagne aux jeunes

Leuten), dem guten Rufe und dem Ansehen
gens), à la bonne réputation et au crédit

entgegen, ich komme davon zurück ». Erwæge diese
au-devant, je reviens en ». Pese ces

Worte, und lass die Erwerbung von Tugend das
mots, et que la acquisition de la vertu la

Hauptgeschæft deiner Jugend seyn.
principale occupation de ta jeunesse soit.

58. Strebe in allen deinen Unternehmungen
58. Efforce toi dans toutes tes entreprises

und Handlungen nach der græsstan Vollkommen-
et actions après la plus grande perfec-

heit. Mache keinen Plan, beginne nichts, ohne zu
tion. Fais aucun plan, commence ne rien, sans

dir selbst zu sagen : « Kœnnte ich es nicht besser
à toi même dire : « Pourrais je le ne pas mieux

machen » ? Erwirb dir nach und nach eine Fertigkeit
faire » ? Acquiers à toi peu à peu une habileté

in der Ausübung der Gerechtigkeit und der Tugend,
dans la pratique de la justice et de la vertu,

mache dir die Befriedigung deiner Pflichten immer
fais à toi la satisfaction de tes devoirs toujours

leichter und leichter. Thue das was Seneka seinem
plus facile et plus facile. Fais ce que Seneque à son

Freunde

Freunde Lucil rieth : « *Wæhle* dir unter den
ami Lucile conseillait : « *Choisis à toi parmi les*

grossen Menschen denjenigen *aus*, der dir der
grands hommes celui, qui à toi le

ehrwürdigste scheint, thue alles gleichsam in seiner
plus respectable paraît, fais tout comme en sa

Gegenwart, *lege* ihm *Rechenschaft ab* von allen
présence, rends à lui compte de toutes

deinen Handlungen. Es wird dir dieses um so
tes actions. Il sera à toi cela d'autant

leichter, da junge Leute eine natürliche Anlage
plus aisé, que les jeunes gens un naturel penchant

zur Nachahmung haben. Man wagt weniger, wenn
à l'imitation ont. On hazarde moins, quand

man seine Muster aus dem Alterthum wæhlt, weil
on ses modeles dans la antiquité choisit, parce que

dieses uns gewœhnlich grosse Beyspiele
celle-ci à nous ordinairement de grands exemples

darbietet.
présente.

59. In Beziehung auf die grossen Mænner der
59. Sous le rapport des grands hommes du

neuern Zeit *finden* mehrere Schwierigkeiten *statt* ;
moderne tems trouvent plus de difficultés lieu ;

sie sind grœsstentheils nur Kopieen, und man
ils sont pour la plupart seulement des copies, et on

weiss dass Kopieen selten gelingen, jede Nachah-
sait que les copies rarement réussissent, chaque imita-

mung weit hinter ihrem Originale zurückbleibt.
tion beaucoup au-dessous de son original reste en arriere.

Am besten thust du auf jeden Fall, wenn du,
Au mieux fais tu dans chaque cas, quand tu,

ohne dich an ein Muster zu binden, dich selbst
sans te à un modele lier, toi même

E

fürchtest und Achtung vor dir selbst hast; die
crains   et   estime devant toi   même   as ; que la

Feinheit deines eigenen Gefühls sey deine Richterin.
délicatesse de ton   propre   sentiment soit   ton   juge.

60. Suche dich so glücklich zu machen, als
60. Cherches te   si   heureuse   à   rendre,   que

du es, deiner Lage   und deinen Verhæltnissen
tu le,   ta   situation et   ta   position

nach, seyn kannst; suche von allem Gewinn für
d'après, être   peux; cherches de   tout   du gain pour

dich zu ziehen, denn tausend Vortheile entgehen
toi à   tirer,   car   mille   avantages échappent

uns, blos   weil wir nicht den gehœrigen
à nous, seulement parce que nous ne pas le   convenable

Gebrauch von unsern Umstænden machen. Fasse
usage   de   nos   situations   faisons. Prends

also deine Lage von allen Seiten, du *wirst* dadurch
ainsi ta position de tous côtés, tu   par-là

an Zufriedenheit und Glückseligkeit *gewinnen.*
en   contentement   et   bonheur   gagneras.

61. Kœnnten wir uns immer unserm Zustande
61. Si pouvions nous nous toujours à notre   état

gemæss   betragen, wæren wir nicht ehrgeizig,
convenablement conduire, serions nous ne pas ambitieux,

nicht neidisch, so *würden* wir eines ungestœrten
ne pas envieux, alors   nous d'une non troublée

Friedens *geniessen.* Allein   leider   genügt uns
paix   jouirions. Mais malheureusement suffit à nous

gewœhnlich das Gegenwærtige nicht, unsere
ordinairement le   présent   ne pas,   nos

Wünsche und Hoffnungen treiben uns immer in
désirs   et   espérances entraînent nous toujours dans

die Zukunft.
le avenir.

62, Wir müssen in der Welt zweyerley Thoren
62. *Nous devons dans le monde deux sortes de fous*

unterscheiden. Die einen leben immer in der
distinguer. Les uns vivent toujours dans le

Zukunft, und beleben sich nur durch Hoffnungen;
avenir, et nourrissent se seulement par des espérances;

da sie nicht weise genug sind, um zwischen
comme ils ne pas sages assez sont, pour entre

Gegenwart und Zukunft einen richtigen Calcul zu
le présent et l'avenir un juste calcul

halten, so bringen sie ihr Leben in einer bestændigen
tenir, passent ils leur vie dans un continuel

Verrechnung hin. Vernünftige Personen überlassen
mécompte. Des raisonnables personnes abandonnent

sich blos Wünschen, die ihrer Lage angemessen
se seulement à des desirs, qui à leur position proportionnés

sind. Oft betrügen sie sich nicht; betrœgen sie
sont. Souvent trompent elles se ne pas; trompaient elles

sich, so würden sie sich zu trœsten wissen, sie
se, elles se consoler sauraient, elles

wissen wohl, dass der Geschmack an einem Gute
savent bien, que le goût à un bien

des Lebens entweder mit dem Besitze, oder mit
de la vie ou avec la possession, ou avec

der entschiedenen Unmœglichkeit es zu erhalten,
la décidée impossibilité le de obtenir,

aufhœrt, und damit beruhigen sie sich. Eine andre
cesse, et avec cela tranquillisent elles se. Une autre

Art von Thoren hængt ganz an der Gegenwart,
espece de fous tient entierement au présent,

und vergisst der Zukunft, sie zerstœren ihr Glück,
et oublie le avenir, ils détruisent leur bonheur,

opfern ihre Ehre und feinen Geschmack auf,
sacrifient leur honneur et délicat goût,

indem sie sich nicht genug schonen. Vernünftige
pendant que ils se ne pas assez ménagent. Des raisonnables
Personen benutzen beyde Zeiten zugleich, sie
personnes profitent des deux tems à-la-fois, elles
geniessen der Gegenwart, wæhrend sie die Zukunft
jouissent du présent, pendant que elles le avenir
immer vor Augen haben.
toujours devant les yeux ont.

63. Es ist Pflicht, meine Tochter, seine Zeit
63. Il est devoir, ma fille, son tems
gut anzuwenden. Wie geschieht diess ? Wenige
bien de employer. Comment se fait-il cela? Peu
wissen die Zeit nach ihrem wahren Werthe zu
savent le tems d'après son vrai prix
schætzen. « Lege dir (sagt ein Alter) von allen
estimer. « Rends à toi (dit un ancien) de tous
deinen Stunden Rechenschaft ab, damit du, bey
tes instans compte, afin que tu, d'après
einer guten Benutzung der Gegenwart, der Zukunft
un bon usage du présent, de l' avenir
weniger bedürfest ». Die Zeit eilt reissend vorüber.
moins aies besoin ». Le tems passe rapidement.
Lerne also leben, diess heisst, einen guten
Apprends par conséquent à vivre, c'est-à-dire, un bon
Gebrauch von deiner Zeit machen. Aber gewœhnlich
usage de ton tems à faire. Mais ordinairement
verfliesst unser Leben unter eitlen Hoffnungen,
s'enfuit notre vie parmi de vaines espérances,
unter bestændigem Harren und Ringen nach Glück;
parmi continuelle attente et lutte après la fortune;
wir fühlen immer eine Leere in unserm Zustande,
nous sentons toujours un vide dans notre situation,
arbeiten ihr mit rastloser Thætigkeit entgegen,
nous travaillons contre lui avec une infatigable activité,

und kœnnen sie doch nicht ausfüllen.
et pouvons le cependant ne pas remplir.

64. Denke dass das wahre Leben nicht in der
64. Pense que la vraie vie ne pas dans la

Dauer der Zeit, sondern in der Anordnung
durée du tems, mais dans la disposition

besteht, welche wir davon machen sollen. Vergiss
consiste, que nous de lui faire devons. Oublie

nie, dass du einen Geist zu bilden und durch
ne jamais, que tu un esprit à former et par

Wahrheit zu næhren, ein Herz zu læutern und zum
la vérité à nourrir, un cœur à épurer et au

Guten zu stimmen hast, dass endlich Religion und
bien à accorder as, que enfin la religion et

Gottesdienst deine ganze Ehrfurcht fordern.
le service de Dieu ton entier respect exigent.

65. Vorzüglich sind die Jahre der Jugend
65. Principalement sont les années de la jeunesse

kostbar, meine Tochter : benutze sie, wie du
précieuses, ma fille : profite d'elles tu

nur immer kannst. Jetzt prægt sich jede Kennt-
autant que peux. Maintenant imprime se chaque connais-

niss leicht und tief in deiner Seele ein,
sance aisément et profondément dans ton ame,

bereichere also dein Gedæchtniss mit einem Schatze
enrichis donc ta mémoire avec un trésor

interessanter Ideen, und gieb diesem Gedæchtniss
d'intéressantes idées, et donne à cette mémoire

selbst den grœssten mœglichen Umfang und die
même la plus grande possible étendue et la

grœsste mœgliche Bildung.
plus grande possible formation.

66. Deine Wissbegierde lass nie ermatten, aber
66. Ton desir d'apprendre laisse ne jamais affaiblir, mais

leite sie und richte sie auf gute Gegenstænde. Sie
conduis le et dirige le sur de bons objets. Il

ist eine natürliche Neigung des Menschen, welche
est une naturelle inclination de l'homme, qui

allem Unterrichte vorhergeht, eine Neigung welche
toute instruction précede, une inclination qui

uns antreibt, auf dem Pfade der Wahrheit immer
nous excite, sur le chemin de la vérité toujours

weiter und weiter zu gehen, und welche wir eben
de plus en plus loin à aller, et que nous mêmes

desshalb durch Trægheit und Weichligkeit nicht
pour cela par paresse et mollesse ne pas

aufhalten dürfen.
arrêter devons.

67. Es ist nützlich dass junge Frauenzimmer sich
67. Il est utile que de jeunes femmes se.

mit gründlichen Wissenschaften beschæftigen. Die
avec de solides sciences occupent. La

Geschichte der Rœmer und Griechen erhebt die Seele,
histoire des Romains et des Grecs éleve la ame,

und stærkt unsern Muth durch die grossen
et fortifie notre courage par les grandes

Handlungen, welche sie darstellt. Von der neuern
actions, que elle présente. De la moderne.

Geschichte musst du vorzüglich die deines
histoire dois tu principalement celle de ta

Vaterlandes studieren.
patrie étudier.

68. Auch eine gewisse Bekanntschaft mit der
68. Aussi une certaine connaissance avec la

Philosophie kann dir nicht schaden. Du bekommst
philosophie peut à toi ne pas nuire. Tu acquiers

dadurch Bestimmtheit, Ordnung und Richtigkeit
par-là de la précision, de l'ordre et de la justesse

in deinen Ideen. Besonders empfehle ich, unter
dans tes idées. Sur-tout recommande je, parmi

allen philosophischen Wissenchaften, deinem Herzen
toutes les philosophiques sciences, à ton cœur

die Moral.
la morale.

69. Lies die klassischen Schriften der Alten;
69. Lis les classiques écrits des anciens;

schon der Geschmack an ihrer musterhaften
déja le goût à leur servant de modele

Darstellung trägt zur Veredlung unsers
maniere de présenter contribue à l'amélioration de notre

moralischen Gefühls *bey*, und man wird selten
moral goût, et on rarement

finden, dass Menschen von verdorbenem Herzen,
trouvera, que les hommes de corrompus cœurs,

der Lektüre derselben Geschmack abgewinnen.
à la lecture d'eux du goût gagnent.

70. Was die Sprache arbetrifft, so kann
70. Quant à ce qui la langue concerne, peut

sich freylich ein Frauenzimmer mit der Sprache
se sans doute une femme avec la langue

ihres Vaterlandes begnügen. Allein ich hætte nichts
de son pays contenter. Mais je aurais ne rien

dagegen, wenn ein Frauenzimmer Geschmack an
contre, si une femme du goût à

der lateinischen Sprache fænde, sie œffnet gleich-
la latine langue trouvait, elle ouvre pour ainsi

sam die Pforten aller Wissenschaften, und bringt
dire les portes à toutes les sciences, et met

uns mit den grœssten Geistern aller Zeitalter in
nous avec les plus grands esprits de tous les tems en

Verbindung.
relation.

71. Die Frauenzimmer gewinnen leicht eine
71. *Les femmes acquierent aisément une*

Vorliebe für die Italienische, welche ich für
prédilection pour la langue italienne, que je comme

gefæhrlich halte, sie ist die Sprache der Liebe.
dangereuse tiens, elle est la langue de l'amour.

Uebrigens sind auch die Italienischen Schriftsteller
Au reste sont aussi les italiens écrivains

nicht gelæutert genug, es herrscht in ihnen ein
non épurés assez, il domine en eux un

regelloses Spiel der Phantasie, welches der Richtigkeit
déréglé jeu de la fantaisie, qui à la justesse

unsers Denkens schadet.
de notre pensée nuit.

72. Dichter musst du mit Vorsicht lesen.
72. *Les poëtes dois tu avec circonspection lire.*

Trauerspiele scheinen mir für die Bildung unsers
Les tragédies paraissent à moi pour la formation de notre

Herzens noch den wenigst zweydeutigen Einfluss
cœur encore la moins douteuse influence

zu haben. Aber das beste Trauerspiel giebt uns
de avoir. Mais la meilleure tragédie donne à nous

oft Lehren der Tugend, und læsst dennoch in
souvent des leçons de vertu, et laisse pourtant dans

unsrer Seele Eindrücke zurück, welche das Laster
notre ame des impressions en arriere, qui le vice

begünstigen.
favorisent.

73. Gefæhrlicher ist die Lektüre der Romane,
73. *Plus dangereuse est la lecture des romans,*

ich sehe es nicht gern, wenn ein Frauenzimmer
je vois le ne pas avec plaisir, quand une femme

sich viel mit derselben beschæftigt, sie geben
se beaucoup avec eux occupe, ils donnent

gemeiniglich

gemeiniglich unserm Geiste eine schiefe Richtung.
communément à notre esprit une fausse direction.

Der Roman ist selten der Natur und der Wahrheit
Le roman est rarement à la nature et à la vérité

ganz getreu; er entzündet die Einbildunskraft,
tout-à-fait fidele; il enflamme la imagination,

schwæcht das feine Gefühl der Schamhaftigkeit,
affaiblit le délicat sentiment de la pudeur,

missleitet unser Herz, *lockt* unsre Leidenschaft zu
égare notre cœur, attire notre passion trop

frühzeitig *hervor*, und *flœsst* uns ein wildes Feuer *ein*.
tôt, et inspire à nous un sauvage feu.

74. Wir müssen überhaupt jene susse Illusion,
74. Nous devons sur-tout cette douce illusion,

welche die Liebe von Natur mit sich führt, nicht
que le amour par nature avec soi porte, ne pas

noch erhœhen. Je verfeinetter die Liebe ist, um
encore augmenter. Plus raffiné le amour est, d'autant

so gefæhrlicher ist sie auch.
plus dangereux est il aussi.

75. Indessen will ich die Romane nicht ganz
75. Cependant veux je les romans ne pas tout-à-fait

verbieten. Alle Verbote dieser Art sind Verletzungen
défendre. Toutes défenses de ce genre sont des violations

der Freyheit, und reizen das Verlangen um so mehr.
de la liberté, et irritent le desir d'autant plus.

Nur mache man nie aus dieser Lekture die
Seulement fasse on ne jamais de cette lecture la

Hauptsache, sondern unterhalte sich vorzüglich
principale chose, mais entretienne se principalement

mit grundlichen Schriften, welche dem Herzen
avec profonds écrits, qui au cœur

Kraft, und dem Geiste Schmuck ertheilen.
de la force, et à l'esprit de l'ornement communiquent.

F

76. Mæssige deinen Geschmack für überfliegende
76. *Moderes   ton   goût   pour   les superflues*
Wissenschaften; sie sind gefæhrlich, *flæssen* uns
sciences;   elles sont dangereuses, inspirent à nous
gewœhnlich nur Stolz *ein*, und bringen die Federn
ordinairement seulement de l'orgueil, et mettent les ressorts
unserer Seele in Unordnung.
de notre ame en désordre.

77. Hast du aber eine grosse, lebendige und
77. *As   tu mais une grande,   vive*
rege Einbildungskraft, verbungen mit einer Wisbe-
enjouée imagination,   liée ,avec une curiosité
gierde, so widme diese Anlagen lieber nützlichen
de savoir, alors consacre ces disposition plutôt à des utiles
Wissenschaften, als dass du sie eine Richtung
sciences,   que si tu les une direction
nehmen liessest, durch welche die Leidenschaften
prendre laissais, par laquelle les passions
begünstigt würden. Bedenke aber dabey, dass
favorisées seraient. Pense mais à cela; que
Mædchen, in Beziehung auf jene Wissenschaften,
les filles, par rapport à ces sciences,
beynahe eine eben so feine Schamhaftigkeit haben
presque une même aussi délicate pudeur avoir
müssen, als in Beziehung auf Thorheiten.
doivent, que par rapport aux folies.

78. Sey also auf deiner Hut gegen das Verfüh-
78. *Sois donc sur ta garde contre la séduc-*
rerische des Geschmacks für Schœngeisterey. Eben
tion du goût pour le bel esprit. Même
so wenig verschwende deine Kræfte an unnütze
aussi peu prodigue tes forces, sur d'inutiles
Wissenschaften, oder solche, die über deine
sciences, ou sur celles, qui au-dessus de ta

Fassungskraft gehen. Diejenigen Kenntnisse, welche
portée   vont.   Ces   connaissances,   qui

wesentliches Bedürfniss für uns sind, liegen uns
un essentiel   besoin   pour nous sont,   sont à nous

nahe genug. Allein   leider   begnügen wir uns
près   assez.   Mais malheureusement contentons nous nous

immer nicht mit diesen, und streben nach Wahr-
toujours ne pas avec celles-ci, et efforçons nous après   des

heiten, welche nicht für uns gemacht sind.
vérités,   qui   ne pas pour nous   faites   sont.

79. Bevor   wir uns in Erforschungen einlassen,
79. Avant que nous nous   de recherches   mêlons,

welche über unsern Horizont hinausgehen, sollten
qui   au-dessus de notre   horizon   passent,   devons

wir untersuchen, welchen Umfang überhaupt unsre
nous   rechercher,   quelle   étendue   sur-tout   nos

Kenntnisse haben kœnnen, und nach welchen
connaissances avoir peuvent, et d'après quels

Grundsætzen wir unsre Ueberzeugung bestimmen
principes   nous notre   persuasion   employer

müssen. Wir sollten Wissenschaft und Meynung
devons. Nous devrions   la science   et   l'opinion

unterscheiden lernen, sollten die Kraft besitzen,
à distinguer   apprendre, devrions la   force   posséder,

an allem zu zweifeln, was wir nicht mit Klarheit
de   tout de   douter. ce que nous ne pas avec   clarté

einsehen, und den Muth, das nicht wissen zu
voyons,   et   le courage, cela ne pas savoir   de

wollen, was unsre Fassungskraft übersteigt.
vouloir,   qui notre   portée   surpasse.

80. Um der Kühnheit unsers Geistes und seinem
80. Pour à la hardiesse de notre esprit et   à sa

zu grossen Selbstvertrauen Einhalt zu thun,
trop grande confiance de soi-même opposition   faire,

müssen wir nur bedenken, dass die beyden Quellen
devons nous seulement penser, que les deux sources
aller unsrer Erkenntniss, die Vernunft und die
de toute notre connaissance, la raison et la
Sinnlichkeit, uns in Tæuschung verwickeln kœnnen.
sensualité, nous en erreur mêler peuvent.
Die Sinne überlisten nicht selten die Vernunft;
Les sens trompent ne pas rarement la raison;
und die Vernunft betrügt gegenseitig die Sinne;
et la raison trompe réciproquement les sens;
kein Wunder, dass wir so oft durch sie in Ver-
nul prodige, que nous si souvent par eux en éga-
wirrung gesetzt werden. Diess nur haben wir zu
rement mis soyons. Cela seulement avons nous à
bedenken, um dem Geschmach an tiefsinnigen
penser, pour au goût aux profondes
Wissenschaften aufzugeben, und unsre Zeit solchen
sciences renoncer, et notre tems à ces
Kenntnissen zu widmen, die uns nützlich seyn
connaissances consacrer, qui à nous utiles être
kœnnen.
peuvent.

81. Ein junges Frauenzimmer muss viel Geleh-
81. Une jeune femme doit beaucoup de do-
rigkeit besitzen, und von aller Anmassung frey
cilité avoir, et de toute prétention exempte
seyn. Nur muss es seine Gelehrigkeit nich zu
être. Seulement doit elle sa docilité ne pas trop
weit treiben, damit es nicht, an eine sklavische
loin pousser, afin que elle ne pas, en une servile
Nachfolge gewœhnt, des Gebrauchs seiner eignen
imitation accoutumée, de l'usage de sa propre
Selbstdenkenden Vernunft unfæhig werde.
par elle-même pensante raison incapable devienne.

82. Uebe, meine Tochter, diese selbstdenkende
82. Exerce, ma fille, cette pensante par elle-même

Vernunft, rechne mehr auf sie, als auf dein
raison, compte plus sur elle, que sur ta

Gedæchtniss. Gevœhnlich *füllen* wir unsern Kopf
Mémoire. Ordinairement remplissons nous notre tête

mit fremdem Ideen *an*, und ziehen von unserer
avec d'étrangeres idées, et tirons de notre

eigenen Denkkraft keinen Gewinn. Wir glauben
propre faculté de penser nul profit. Nous croyons

grosse Fortschritte gemacht zu haben, wenn wir
grand progrès fait avoir, quand nous

das Gedæchtniss mit Geschichte überladen, wodurch
la mémoire avec des histoires surchargeons, par lesquelles

doch eigentlich der Geist keine wahre Vervoll-
cependant proprement le esprit aucune vraie perfec-

kommung erhælt. Das selbstdenkende Vermœgen
tion acquiert. La pensante par elle-même faculté

ist ein Talent, welches wir gewœhnlich schlafen
est un talent, que nous ordinairement dormir

lassen, da doch der Gesichtskreis für unsern
laissons, quand cependant le cercle de la vue pour notre

Geist sich allein dadurch erweitert.
esprit se seulement par-là étend.

83. Keine Thatsachen der Geschichte, keine
83. Nuls faits de l'histoire, nulles

Meynungen der Philosophen kœnnen dir Trost
opinions des philosophes peuvent à toi consolation

im Unglücke geben, du wirst dadurch um nichts
dans le malheur donner, tu seras par-là de rien

stærker. Nimm deine Zuflucht zu Seneka und
plus forte. Aie ton recours à Seneque et

Epiktet, kann ihre Vernunft dich trœsten? Oder
Epictete, peut leur raison te consoler? Ou

bleibt es nicht vielmehr der deinigen allein über-
reste - t -il ne pas   plutôt   à   la tienne seulement aban-

lassen? Rechne   nur   auf deine eigne Habe,
donné? Compte seulement sur   ton   propre bien,

und sammle dir in der Zeit der Ruhe für die Zeit
et   rassemble à toi dans le tems   du   repos pour le tems

der Anfechtung, die dich erwartet. Keine fremde
de la   tentation,   qui   te   attend.   Nulle etrangere

Vernunft kann dich so gut stützen, als die deinige,
raison   peut te aussi bien soutenir, que la   tienne.

84. Wenn du es vermagst, deine Einbildungskraft
84. Si   tu le   peux,   ton   imagination

unter der Herrschaft der Wahrheit und Vernunft
sous la   autorité   de la vérité   et de la raison

gesetzmæssig zu leiten, so hast du damit für deine
réguliérement   conduire, alors as tu avec cela pour   ta

Vollkommenheit und Gluckseligkeit viel gewonnen.
perfection   et   félicité   beaucoup   gagné,

Die Frauen hængen gewœhnlich ganz von ihrer
Les femmes dépendent ordinairement tout-à-fait de   leur

Einbildungskraft ab. Sind sie nicht in ihrer Jugend
imagination.   Ont elles ne pas en leur   jeunesse

für solide Beschæftigungen gestimmt worden, und
pour solides   occupations   élevées   été,   et

haben sie nicht mühsam für die Bedürfnisse des
ont   elles ne pas avec peine pour les   besoins de la

Lebens zu sorgen, so widmen sie sich ganz dem
vie   à prendre soin, consacrent elles se tout-à-fait aux

Vergnügen.
plaisirs.

85. Schauspiele, Romane, Putz, alles diess
85. Les spectacles, les romans, la parure, tout   cela

steht unter der Herrschaft der Phantasie. Du
est sous le   empire   de l'imagination. Tu

verlierst, ich weiss es, durch Einschrænkung deiner
perds, je sais. le, par la limitation de ton

Einbildungskraft an Vergnügen, denn auf ihren
imagination en plaisirs, car sur ses

Tæuschungen beruht das Reitzende von tausend
tromperies repose le attrayant de mille

Gegenstænden. Allein welche Leiden kann sie dir
sujets. Mais quels maux peut elle à toi

nicht durch ihre angenehmen Illusionen zuziehen?
ne pas par ses agréables illusions attirer?

Immer wird sie zwischen dich und die Wahrheit
Toujours elle entre toi et la vérité

treten; die Vernunft zieht sich zurück, wenn die
se placera; la raison retire se, quand la

Einbildungskraft herrscht; hat sie die Oberhand,
imagination domine; a-t-elle la autorité,

dann müssen wir alles ansehen, wie es ihr gefællt;
devons nous tout voir, comme il à elle plaît;

diejenigen, welche sich von ihr regieren lassen,
ceux, qui se par elle gouverner laissent,

wissen am besten, welche Leiden daraus entspringen.
savent au mieux, quels maux en résultent.

Der glücklichste Vertrag, den man mit ihr schliessen
Le le plus heureux traité, que on avec elle conclure

kœnnte, wære der, dass man ihr ihre Freuden
pourrait, serait celui, que on à elle ses joies

schenkte, unter der Bedingung, dass sie uns auch
donnerait, sous la obligation, que elle à nous aussi

mit ihren Leiden verschonte. Denn gewiss giebt es
avec ses maux épargnât. Car certainement y a il

kein grœsseres Hinderniss der Glückseligkeit, als
nul plus grand obstacle au bonheur, que

eine zu zarte, zu lebendige und zu glühende
une trop tendre, trop vive et trop enflammée

Einbildungskraft.
imagination.

86. Erwirb dir vor allen Dingen richtige Begriffe,
86. Procure toi avant toutes choses de justes idées,
urtheile nicht, wie der *Pœbel* der menschen, lass
juge ne pas, comme le commun des hommes, laisse
dich für keine Meynung einnehmen, und erhebe
toi pour aucune opinion séduire, et élève
dich über die Vorurtheile, welche sich in unsern
toi au-dessus des préjugés, qui se dans nos
Kinderjahren gewœhnlich in unserer Seele fest-
années d'enfance ordinairement dans notre ame s'éta-
setzen.
blissent fortement.

87. Wenn dich ein Leiden trifft, so halte dich
87. Quand à toi un mal arrive, alors tiens toi
an folgende Methode, bey der ich mich jederzeit
à la suivante méthode, de laquelle je moi en tout tems
wohl befunden habe. Prüfe den Gegenstand, welche
bien trouvé ai. Examine le sujet, qui
dir Missvergnügen erregt, entferne von ihm allen
à toi du déplaisir excite, éloigne de lui toute
falschen Schein und jeden Zusatz der Phantasie,
fausse apparence, et chaque addition de l'imagination,
du wirst finden, dass uns oft ein nichts Qualen
tu trouveras que à nous souvent un rien des tourmens
verursacht.
cause.

88. Schætze die Dinge nur nach ihrem wahren
88. Estime les choses seulement d'après leur vrai
Werthe. Wir haben uns mehr über unsere irrigen
mérite. Nous avons à nous plus de nos erronées
Meynungen, als über das Glück zu beklagen, oft
opinions, que de la fortune à plaindre, souvent
liegt der Grund unsers Missvergnügens über einen
est le fondement de notre déplaisir sur un

Gegenstand

Gegenstand nur in der falschen Vorstellung, die
sujet seulement dans la fausse représentation, que

wir von ihm hegen.
nous de lui avons.

89. Um Glücklich zu seyn, muss man über
89. Pour heureux être, doit on sur

alles gesund urtheilen. Die allgemein angenommenen
tout sainement juger. Les généralement reçues

Religionsmeynungen muss man achten, muss sich
opinions religieuses doit on respecter, doit se

aber in seinen Grundsætzen über Moralitæt und
mais dans ses principes sur la morale et

Glückseligkeit uber den Pœbel erheben; Pœbel
le bonheur au-dessus du peuple élever; peuple

nenne ich alle Menschen, welche niedrig und
nomme je tous les hommes, qui bassement et

unedel denken, der Hof wimmelt von
d'un maniere ignoble pensent, la cour fourmille du

Pœbel in diesem Sinne.
peuple dans ce sens.

90. Die Welt spricht nur von Glückmachen
90. Le monde parle seulement de faire fortune

und Ansehen, da heisst es immer nur : *Verfolgt*
et du crédit, là dit-on toujours seulement : Suivez

euern *Weg, je früher am Ziele, desto besser;* die
votre route, plus tôt au but, d'autant mieux; la

Weisheit hingegen sagt : *Seyd einfach, wæhlt auch*
sagesse au contraire dit : Soyez simples, choisissez aussi

ein stilles ruhiges Leben, entzieht euch dem Geräusch
une tranquille paisible vie, dérobez vous au bruit

der Welt, flieht die grosse Menge. Der Lohn der
du monde, fuyez la grande multitude. La récompense de la

Tugend besteht nicht in dem Rufe, den wir uns
vertu consiste ne pas dans la renommée, que nous à nous

dadurch erwerben , sondern in dem Zeugnisse
par-là   acquérons ,   mais   dans   le   témoignage

unseres eigenen Gewissens.
de notre   propre   conscience.

91. Ueberzeuge dich, dass es die groesste aller
91. Persuade   toi,   que cela la plus grande de toutes

Wissenschaften ist : einheimisch bey sich selbst zu
les sciences   est : pas étranger chez soi même.

seyn. « Ich habe , sagt ein Alter , gelernt, mit mir
être. « Je   ai , disait un ancien, appris ,   avec moi

selbst Freundschaft zu unterhalten , und so werde
même   amitié   de   entretenir ,   et ainsi

ich nie allein seyn ». Sichre dir also, meine Tochter,
je jamais seul serai ». Assure à toi aussi, ma   fille ,

eine Freystatt gegen alle Schicksale des Lebens in
un   asyle   contre tous les événemens de la vie   dans

dir selbst , zu dir kannst du immer zurückkehren,
toi même ,   à toi peux tu toujours   retourner ,

dich immer finden.
te   toujours trouver.

92. Benutze die Einsamkeit; sie ist am fæhigsten
92 Fais usage de la solitude ; elle est la plus capable

die lebhaften Eindrücke zu schwæchen, welche
les   vives   impressions pour   affaiblir ,   que

sinnliche Gegenstande auf uns machen. Ziehe dich
de sensibles   objets   sur nous font.   Retire toi

von Zeit zu Zeit von der Welt zuruck, sey allein,
de tems en tems   du   monde ,   sois seule ,

lies einige Stunden, und *denke* über das *nach*, wass
lis quelques heures ,   et réfléchis sur ce ,   que

du liesest. In der Stille der Einsamkeit giebt die
tu lis.   Dans le silence de la solitude   donne la

Weisheit ihre Lehrstunden, da verschwinden die
esse   ses heures de leçon ; la   se dissipent les

Vorurtheile , da verliert der Wahn , der alles
préjugés, là perd la opinion, qui tout
beherrscht , seine Rechte.
domine, son droit.

93. Ich habe dir es schon gesagt, meine Tochter,
93. Je ai te le déjà dit, ma file,
die wahre Glückseligkeit besteht im Frieden der
le vrai bonheur consiste dans la paix de
Seele. Die Vergnügungen des Geistes kannst du
l'ame. Les plaisirs de l'esprit peux tu
nicht geniessen, ohne Gesundheit des Geistes; ein
ne pas goûter, sans santé de l'esprit; un
gesunder Geist findet überall Quellen des Vergnügens.
sain esprit trouve par-tout des sources du plaisir.

94. Um mit Ruhe zu leben, musst du folgenden
94. Pour avec tranquillité vivre, dois tu aux suivantes
Regel getreu bleiben : musst dich den Gegenstænden
regles fidele rester : dois te aux sujets
des Genusses nur leihen, nicht Preiss geben, nicht
de jouissance seulement prêter, ne pas en proie donner, ne pas
zu viel von den Menschen erwarten, aus Furcht,
trop des hommes attendre, de crainte
dich zu verrechnen, endlich dein erster Freund du
te de décompter, enfin ton premier ami toi
selbst seyn. Die Einsamkeit, eine Freundin der
même être. La solitude, une amie de la
Weisheit, sichert unsere Ruhe auch, in ihrem
sagesse, assure notre repos aussi, dans son
Schoosse fühlen wir es, dass Friede und Wahrheit
sein sentons nous cela, que la paix et la vérité
für uns nur in uns selbst wohnen.
pour nous seulement dans nous même habitent.

95. Fliehe die grosse Welt, in ihrer Mitte
95. Fuis le grand monde, dans son milieu

wachen immer Gefühle wieder *auf*, die man
se réveillent toujours des sentimens   que on

mit Mühe entkraeftet hat; da findet man Menschen,
avec peine effaibli   a ; là trouve on des hommes,

welche die Unordnung begünstigen; je groesser
qui   le   désordre   favorisent ; plus   grand

unser Cirkel in der grossen Welt ist, um so mehr
notre cercle dans le grand monde est, d'autant plus

bekommen die Leidenschaften die Oberhand. Es ist
obtiennent les   passions   la souveraineté. Il est

schwer, dem Laster zu widerstehen, wenn es in
difficile, au vice de   résister,   quand il dans

Begleitung einer grossen Gesellschaft erscheint; zum
la compagnie d'une grande société   paraît ; au

wenigsten kommt man immer aus den menschlichen
moins   revient on toujours hors de   la humaine

Gesellchaften schwacher, weniger bescheiden, und
société   plus faible,   moins   modeste,   et

weniger gerecht zuruck. Besonders *theilt* die Welt
moins   juste.   Sur-tout communique le monde

zarten, fühlenden Seelen ihren Gift am leich-
aux tendres, sensibles ames son venin le plus aisé-

testen *mit.*
ment.

96 Man muss nie trostlos seyn, wenn es
96. On   doit ne jamais désolé être, quand il

auch noch so schlimm'gienge. Berechne also
même encore aussi mal allait. Calcule en conséquence

deine Kraefte und deinen Muth, und *stelle dir*
tes forces et ton courage, et représente à toi

in Hinsicht der Dinge, welche du fürchtest, alles
par rapport aux choses, que tu crains,   tout

auf das schlimmste *vor.* Erwarte mit Gesetztheit
au plus mauvais.   Attends avec   fermeté

das Unglück, welches dich treffen kann, siehe
le malheur, qui à toi arriver peut, considere

es mit geradem Blicke *an*, denke es dir mit den
le avec droit regard, représente le à toi avec les

schrecklichsten Nebenumstænden, und lass deinen
plus effrayantes circonstances, et laisse ton

Muth nicht sinken.
courage ne pas tomber.

97. Ein Günstling, auf der obersten Stufe des
97. Un favori, sur le plus haut degré de

Glücks an einem Hofe, zeigte seine Reichthümer
fortune à une cour, montrait ses richesses

einem seiner Freunde, und unter andern ein Kæst-
à un de ses amis, et entre autres une cas-

chen, mit der Inschrift : *Hierin ist mein Schatz.*
sette, avec la inscription : Ici est mon trésor.

Der Freund hœchst begierig den Schatz zu sehn,
Le ami extrêmement curieux le trésor de voir,

drang in ihn das Kæstchen zu offnen, es geschah,
pressa en lui la cassette de ouvrir, cela se fit,

und siehe da : es enthielt nichts, als ein altes
et regarde : elle contenait ne rien, que un vieux

zerrissenes Kleid. Als der Freund darüber erstaunte,
déchiré habit. Comme le ami là-dessus était étonné,

sagte der Güntsling : *So gieng ich einst, und,*
dit le favori : Ainsi arrivai je autrefois, et,

wenn das Schicksal mich in diese Situation zurück-
quand le destin me dans cette situation ramener

führen will, ich bin darauf gefasst. Welche ein schœner
veut, je suis à cela prêt. Quel bel

Kunstgriff gegen den Wechsel des Schicksals, als
artifice contre le changement du destin, que

grœsste Unglück, das uns begegnen kann, ins
le plus grand malheur, qui à nous arriver peut, dans

Auge zu fassen, und nicht zu zittern.
l'œil   de   fixer,   et   ne pas de trembler.

98. Wenn du ein starkes Verlangen nach einer
  98. Quand tu un fort   desir   après   une

Sache trægst, so prüfe sie zufœrdest, prüfe sie
chose portes,   examine la premierement, examine la

mit allen Vortheilen, die sie verspricht, und allen
avec tous les avantages, que elle   promet,   et   tous

Leiden die auf sie folgen. Begier und Furcht stehn
les maux qui   la suivent. Le desir et la crainte sont

in geradem Verhæltnisse; je weniger du begehrst,
dans un direct   rapport;   moins tu   desires,

um so weniger hast du zu fürchten. Bedenke, dass
d'autant moins   as   tu à   craindre. Pense,   que

der weise das Glück nicht ausser sich sucht, sondern
le sage le bonheur ne pas hors de soi cherche,   mais

es sich in sich selbst schaft. Thue du auch diess.
le se dans soi même procure. Fais toi aussi   cela.

Du gewinnst mehr, wenn du deine Begierden auf
Tu gagnes plus, quand tu tes   desirs   sur

die Linie deines Glücks zurücksetzest, als wenn
la ligne de ton bonheur   replaces,   que quand

du das Glück zu der Linie deiner Begierden zu
tu le bonheur sur la ligne de tes   desirs   à

erheben gedæchtest. Wer die meisten Begierden hat,
élever   pensais. celui qui le plus de desirs as,

ist der ærmste Mensch.
est le le plus pauvre homme.

99. Junge Frauenzimmer beschæftigen sich gern
  97. Les jeunes femmes   occupent   se volontiers

mit Hoffnungen. Allerdings ist auch die Hoffnung
avec des espérances. Sans doute est aussi la espérance

ein trostvolles Gefühl, aber es kann gefæhrlich
un plein de consolation sentiment, mais elle peut dangereuse

werden, weil es uns zu vielen Verrechnungen
devenir, parce que elle nous à beaucoup de mécomptes

verführt. Das geringste Uebel, welches daraus ents-
entraine. Le moindre mal, qui en ré-

pringt, ist, dass wir wegen ungewisser Hoffnungen
sulte, est, que nous pour d'incertaines espérances

nicht selten aufopfern, was wir wirklich besitzen.
ne pas rarement sacrifions, ce que nous réellement possédons.

100. Unsre Eigenliebe entfernt uns von uns selbst,
100. Notre amour-propre éloigne nous de nous-même,

und *stellt* uns unsre Fehler verkleinert *dar.* Betrachte,
et présente à nous nos défauts diminués. Regarde,

meine Tochter, deine eignen Unvollkommenheiten
ma fille, tes propres imperfections

mit denselben Augen, wie jene deiner Mitmens-
avec les mêmes yeux, comme celles de tes sem-

chen. Prüfe deinen Charakter, und suche selbst
blables. Examine ton caractere, et cherche même

von deinen Schwæchen, so lange du sie noch
de tes faiblesses, aussi long tems que tu les encore

nicht überwunden hast, Vortheil zu ziehen. Ich
ne pas surmontées as, avantage à tirer. Je

weiss, jede derselben steht mit irgend einer Tugend
sais, chacune d'elles est avec quelque vertu

in Verwandschaft. Bist du ehrgeizig, nun so bediene
en parenté. Es tu glorieuse, eh bien sers

dich dieses Gefühls, um dich über jene Schwach-
toi de ce sentiment, pour te au-dessus de chaque fai-

heiten deines Geschlechts zu erheben, welche dasselbe
blesse de ton sexe élever, qui

wirklich erniedrigen. Diess *wird* dir um so leichte
réellement avilissent. Ce a sera à toi d'autant plus aisément

mœglich *seyn,* da jede sittliche Verirrung unsers
possible, que chaque moral déréglement de notre

Herzens eine Beschæmung mit sich führt. Bist du
cœur   une   honte   avec soi entraîne. Es tu

schüchtern, so verwende diese schuldlos Schwæche
timide,   convertis cette non coupable faiblesse

zur Erhœhung deiner Klugheit. Bist du verschwen-
en augmentation de ta prudence. Es tu   dissipa-

derisch freygebig, es wird dir nicht schwer seyn,
tricement généreuse, il   à toi ne pas difficile sera,

diese Eigenschaft in einen weisen Edelmuth zu
cette   qualité dans une   sage générosité de

verwandeln.
convertir.

101. Wenn es schein, als ob man dich verkenne,
101. Quand il paraît, comme si on te méconnaît,

und deinem Charakter Unrecht thue, so entrüste
et à ton caractere injustice faisait, mets en colere

dich nicht; glaube nicht, dass die Meynung, welche
te ne pas, crois ne pas, que la opinion, que

du von dir hegst, die Urtheile derer widerlege,
tu de toi nourris, les jugemens de ceux réfute,

von welchen du glaubst, das sie dich verkennen,
des quels tu crois, que ils te méconnaissent,

bedenke vielmehr, dass andere fæhiger sind, dich
pense   plutôt, que les autres plus capables sont, te

unpartheyisch zu betrachten, als du selbst, dass die
impartialement de voir, que toi même, que le

Eigenliebe, die dich vielleicht tæuscht, ein Schmeich-
amour-propre, qui te peut être trompe, un   flat-

lerin ist, und dass deine vermeinten Feinde in
teur est, et que tes soi-disans amis par

Rücksicht deiner wahrer sehen, als du selbst. Wir
rapport à toi plus vrai voient, que toi même. Nous

sind uns selbst zu nah, um uns ohne Selbstbetrug
sommes à nous même trop près, pour nous sans une erreur propre

zu beurtheilen.
juger.

102. Diess, meine Tochter, waren allgemeine
102. *Cela,* ma *fi!le,* *étaient* *de générales*

Warnungsregeln gegen die Fehler des Geistes. Allein
regles d'avis *contre* *les défauts* *de* *l'esprit.* *Mais*

vorzüglich muss deine Aufmerksamkeit der Ver-
principalement *doit* *ton* *imagination* *au* *per-*

vollkommung deines Herzens und deiner Gefühle
fectionnement *de ton* *cœur* *et* *de tes* *sentimens*

gewidmet seyn.
employée *être.*

103. Nur durch dein Herz kannst du eine
103. *Seulement* *par* *ton* *cœur* *peux* *tu* *une*

sichere und dauerhafte Tugend gewinnen, im Herzen
sûre *et* *durable* *vertu* *gagner,* *dans le cœur*

liegt unser Charakter. Es kommt nur darauf an,
gît *notre* *caractere.* *Il* *s'agit* *seulement*

diesem Herzen die richtige Stimmung zu geben.
à ce *cœur* *le* *juste* *accord* *de donner.*

104. Fühlst du dich von einer lebhaften und
104. *Sens* *tu te* *de* *une* *vive* *et*

starken Leidenschaft angegriffen, so verfahre nicht
forte *passion* *atteinte,* *agis* *ne pas*

stürmisch um sie zu unterdrücken, suche vielmehr
brusquement pour la *réprimer,* *cherche* *plutôt*

allmæhlig einen Vergleich mit deiner Schwæche zu
peu à peu *une* *comparaison avec* *ta* *faiblesse* *à*

stiften. Wolltest du deine Vernunft despotisch
faire. *Voudrais tu* *ta* *raison* *despotique*

verfahren lassen, so dürfte sich deine Leidenschaft
agir *laisser, alors* *se* *ta* *passion*

leicht empœren, und die grœsste Starke gewinnen.
aisément souleverait, et *la la plus grande force* *gagnerait.*

Suche ihr also nach und nach durch Gründe der
Cherche à lui ainsi *peu à peu* *par les fondemens de*

H

Weisheit und Tugend entgegen zu arbeiten.
la sagesse   et de la vertu   contre   à   travailler.

105. Ueberrascht dich die Liebe, und droht sie,
105. Surprend   te le amour, et menace il,

sich deiner ganzen Seele zu bemæchtigen, so
se de toute   ton   ame de   emparer, alors

bedenke, dass ihre Freuden flüchtig sind, und dir
pense,   que ses plaisirs passagers sont, et à toi

nur zu bald entschlüpfen. Anfangs wird sie
seulement trop tôt échappent. Au commencement il

dir nichts als Blumen darbieten, wæhrend sie dir
à toi ne rien que des fleurs présentera, pendant que il à toi

zugleich ihre Gefahren verbergen wird. Sie betrügt
en même-tems ses dangers cachera.   Il trompe

dich; immer erscheint sie unter einer Gestalt, die
te; toujours paraît il sous une forme, qui

nicht die ihrige ist; einverstanden mit ihr, verbirgt
ne pas la sienne est; d'accord avec lui,   cache

dein Herz dir sein geheimes Interesse, aus Furcht,
son cœur à toi son secret intérêt, de crainte,

es mœchten, wenn es laut spræche, Vernunft und
que puissent, si il haut parlait, la raison et

Schamhaftigkeit erwachen, und du erkennst die
la pudeur éveiller, et tu reconnais le

Lieb in dir an, wenn du schon ihre Sklavin bist.
amour en toi, quand tu déjà son esclave es.

Fliehe also so bald sie sich regt; lass dein Herz
Fuis donc aussi tôt que il se meut; laisse ton cœur

jammern; man reisst die Liebe nicht mit schwachen
se lamenter; on arrache le amour ne pas avec de faibles

Waffen aus der Seele, sie ist zu innig verbunden
armes hors de l'ame, il est trop étroitement lié

mit dem Herzen; hat sie dich einmal eingenommen,
avec le cœur; a il te une fois subjuguée,

so ist alles für sie gegen dich, und dir leistet nichts
alors est tout pour lui contre toi, et à toi prête ne rien

Hülfe gegen die Liebe. Alle deine Kraft musst du
secours contre le amour. Toute ta force dois tu

aufbieten, um dich von ihrer Herrschaft zu be-
rassembler, pour te de sa domination af-

freyen. Unterstürze dich dabey durch die Hin-
franchir. Appuies toi en faisant cela par la consi-

sicht auf die zerstœhrenden Folgen der Leiden-
dération de détruisantes suites des pas-

schaften, wovon die Beyspiele unzæhlig sind.
sions, dont les exemples innombrables sont.

Besonders die Obergewalt der Liebe stürzt uns oft
D'ailleurs la supériorité de l'amour précipite nous souvent

in nahmenlose Leiden, durch sie wird die Vernunft
dans des inconnus maux, par lui est la raison

in ihrer Regierung unsers ganzen Wesens unter-
dans son gouvernement de notre entier être ar-

brochen; an die Stelle schuldloser Ruhe treten
rêtée; à la place de non coupable repos se mettent

Quaalen, die Blüte der Unschuld wird gebrochen,
les tourmens, la fleur de l'innocence est cueillie,

unsre Tugend wankend gemacht, und Schaam wird
notre vertu chancelante faite, et la honte devient

statt der Ehre unsre Begleiterin. Fliehe also
à la place de l'honneur notre compagne. Fuis ainsi

leidenschaftliche Schauspiele und ihre hinreissenden
les passionnés spectacles et leurs séduisantes

dramatischen Darstellungen, gieb dich weder der
dramatiques représentations, livres te ni à la

Dichtkunst noch der Musik ganz hin, welche zum
poésie ni à la musique entierement, qui à

Gefolge der Wollust gehœren. Stærke deine Vernunft
la suite de la volupté appartiennent. Fortifie ta raison

durch ernstes Lesen von Schriften der Weisen.
par une sérieuse lecture des écrits des sages.

Lass dich nie von deiner Einbildunskraft zur
Laisse te ne jamais de ton imagination en

Begünstigung der Liebe bestechen, sie mœchte dir
faveur de l'amour gagner, elle pourrait à toi

ihre Reize verschœnert und betrügerich darstellen.
ses attraits embellis et trompeurs présenter.

106. Was die geselligen Pflichten betrifft,
106. Quant à ce qui les sociaux devoirs concerne,

so ist ihre erste und Hauptforderung, nicht blos
est leur premiere et principale demande, ne pas uniquement

für sich, sondern auch für andere zu sorgen.
pour soi même, mais aussi pour les autres d'avoir soin.

Das bürgerliche Leben ist ein Umtausch gegen-
La civile vie est un échange de réci-

seitiger Liebesdienste, und schon die Klugheit
proques services d'amitié, et déjà la prudence

gebietet uns; auch für unsere Mitmenschen zu leben.
commande à nous, aussi pour nos semblables de vivre.

107. Niemand verdient unsern Hass in so hohem
107. Personne mérite notre haine dans aussi haut

Grade, als Personen, welche ohne zu errœthen es
degré, que les personnes, qui sans rougir cela

ankündigen kœnnen, dass sie alle ihre Handlungen
annoncer peuvent, que ils toutes leurs actions

nur auf sie selbst beziehen. Dieser entschiedene
seulement sur elles mêmes rapportent. Ce décidé

Egoism erzeuget die grœssten Verbrechen, allein
égoïsme engendre les les plus grands crimes, mais

auch geringere Grade desselben hindern allezeit
aussi les moindres degrés d'icelui, empêchent en tout tems

die Tugend, und stœssen die Freuden der Gesellschaft.
la vertu, et renversent les plaisirs de la société.

108. Es ist unmoeglich, in næherer Verbindung
108. Il est impossible, dans un plus proche lien

mit Personen zu bleiben, in welchen die Eigen-
avec des personnes de rester, dans lesquelles le amour-

liebe herrscht, und die diese Eigenliebe andere
propre domine, et qui cet amour-propre aux autres

fühlen lassen. Indessen hat jeder Mensch Liebe für
sentir laissent. Cependant a chaque homme de l'amour pour

sich, und kann sich von ihr, so lange er lebt,
soi, et peut se de lui, aussi long-tems que il vit,

nicht losreissen, nur muss diese Liebe nie zum
ne pas arracher, seulement doit cet amour ne jamais pour

Nachtheil anderer wirksam seyn.
le préjudice des autres actif être.

109. Wir glauben uns zu erheben, indem wir
109. Nous croyons nous élever, pendant que nous

unsere Mitmenschen herabwürdigen, diess macht
nos semblables dégradons, cela rend

uns verlæumderisch und neidisch. Gutheit aber bringt
nous médisans et envieux. La bonté mais apporte

mehr Gewinn, als Bosheit. Wenn man andern
plus de gain, que la méchanceté. Quand on aux autres

nach Kræften wohthut, nur das Gute von andern
suivant facultés fait du bien, seulement le bien des autres

redet, nie mit entscheidender Strenge über den
dit, ne jamais avec tranchante sévérité sur le

Charakter, die Gesinnungen und Handlungen
caractere, les sentimens et actions

anderer richtet, so erlangt man einen schœnen
des autres juges, alors obtient on une belle

und ausgebreiteten Ruf, jedermann beeifert sich,
et étendue réputation, chacun empresse se,

diesen Werth anzuerkennen, unsre Schwæchen zu
ce mérite de reconnaître, nos faibles de

mildern , und zur Erhœhung unsrer guten Eigen-
adoucir , et pour le rehaussement de nos bonnes qua-
schaften beyzutragen , nicht auf die Herabwürdigung
lités de contribuer , ne pas sur le démérite
anderer , sondern auf unsre eignen Tugenden müssen
des autres , mais sur nos propres vertus devons
wir unsern Ruf gründen
nous notre renommée fonder.

110. Eine reichhaltige Ursache vieler Leiden
110. Une abondante cause de beaucoup de maux
für uns ist , dass wir zu viel auf die Menschen
pour nous est , que nous trop sur les hommes
rechnen. Das ist auch der Grund vieler Unge-
comptons. Cela est aussi le fondement de beaucoup d'in-
rechtigkeiten , die wir begehen. Oft beschweren
justices , que nous commettons. Souvent plaignons
wir uns über andere , nicht wegen dessen , was
nous nous sur les autres , ne pas à cause de ce , dont
sie uns schuldig sind , sondern dessen , was wir von
ils à nous redevables sont , mais de ce , que nous de
ihnen gehofft haben. Wir machen aus unsern
eux espéré avons. Nous faisons de nos
Hoffnungen Rechte ; kein Wunder , dass wir
espérances des droits ; nul prodige , que nous
uns dabey oft verrechnen.
à nous-mêmes là-dessus souvent faisons des mécomptes.

111. Sey nicht übereilt in deinen Urtheilen ,
111. Sois ne pas précipitée dans tes jugemens ,
leihe der Verlæumdung kein Ohr , traue dem
prête à la calomnie nulle oreille , fie toi à la
ersten Anscheine nicht , und verurtheile nicht
premiere apparence ne pas , et condamne ne pas
vorschnell. Bedenke , dass es wahrscheinliche
trop précipitamment. Pense , que il de vraisemblables

Dinge giebt, die doch nicht wahr, und wahre,
choses existe, qui cependant ne pas vraies, et de vraies,

die doch nicht wahrscheinlich sind.
qui cependant ne pas vraisemblables sont.

112. Man sollte bey Privaturtheilen über
112. On devrait dans les jugemens particuliers sur

Menschen das Verfahren der œffentlichen Richter
les hommes la maniere d'agir des publics juges

im Staate nachahmen, sollte nie über andere
dans l'état imiter, devrait ne jamais sur d'autres

richten, bevor man auf das strengste
juger, avant que on de la maniere la plus sévere

untersucht, die Zeugen gehœrt und confrontirt
examine, les témoins entendus et confrontés

hat.
a.

113. Zuvorkommende Hœflichkeit ist eine wich-
113. La prévenante honnêteté est une impor-

tige gesellschaftliche Tugend; vermittelst ihrer setzest
tante sociale vertu; au moyen d'elle mets

du dich unter Andere, über welche dich dein
tu te au-dessous des autres, au-dessus desquels te ton

Stand erhebt, und eben desshalb ist diess eine
état éleve, et même par cette raison est celle-ci une

edle Eigenschaft, weil sie der Selbstliebe Abbruch
noble qualité, parce que elle à l'amour-propre dé-

thut. Durch diese zuvorkommende Hœflichkeit
roge. Par cette prévenante honnêteté

entzieht man allezeit sich etwas, wodurch auf
dérobe t'on toujours à soi quelque chose, par laquelle d'une

gewisse Weise der andere begünstigt wird; diese
certaine maniere l' autre favorisé devient; cette

Hœflichkeit gehœrt unter die schœnsten Bande des
honnêteté appartient parmi les plus beaux liens de la

geselligen Lebens, und ist diejenige Eigenschaft,
sociale   vie,   et   est   cette   qualité,
wodurch die Zufriedenheit im Umgange mit
par laquelle le   contentement   dans   le commerce   avec
Menschen vollendet wird.
les hommes   achevé   est.

114. Wir haben eine natürliche Begier zu herr-
114. Nous avons un   naturel   desir de domi-
schen; diess ist eine Neigung, welche mit der
ner;   cela est un   penchant,   qui   avec   la
Ungerechtigkeit in genauem Einverstændnisse steht.
injustice   dans   étroite   liaison   est.
Was   in aller Welt berechtigt uns, uns über
Qui est-ce qui dans tout le monde autorise nous, nous sur
andere zu erheben? Nein, es giebt nur eine
les autres de   élever?   Non,   il   y a seulement une
erlaubte und gesetzmæssige Herrschaft, die Herr-
permise et   légitime   domination, la   domi-
schaft, meyne ich, welche man durch seine Tugend
nation, entends je,   que   on   par   sa   vertu
ausübt. Uebertriff also andere durch Güte und
exerce.   Surpasse donc les autres   par   la bonté   et
Edelmuth, thue es ihnen zuvor in Gefælligkeiten
la générosité, surpasse les   en   complaisance
und Liebesdiensten, diess ist die einzige rechtmæssige
et   services d'amitié, cela est la   seule   réguliere
Weise, dich zu erheben. Grosse Uneigennützigkeit
maniere, te de   élever. Le grand   désintéressement
macht dich auch unabhængig, und erhebt dich
rend   te   aussi   indépendante,   et   éleve   te
mehr als alles zeitliche Glück; nichts erniedrigt
plus   que tout le temporel bonheur; ne rien   avilit
so sehr, als die Liebe zu Gütern der Erde.
autant, que le amour pour les biens de la terre.

115.

115. Demuth ist nicht bloss eine christliche,
115. *L'humilité est ne pas seulement une chrétienne,*

sondern eine allgemeine gesellschaftliche Tugend.
mais une générale sociale vertu.

Sey demüthig, ohne kriechende Erniedrigung, die
Sois humble, sans rampant abaissement, qui

immer nur ein heimlicher Hochmuth ist. Hoch-
toujours seulement un secret orgueil est. L'or-

muth aber ist eine Selbsttæuschung über seinen eigenen
gueil mais est une erreur de soi-même sur son propre

Werth, und eine Ungerechtigkeit in Hinsicht dessen,
mérite, et une injustice par rapport à ce,

was man bey andern scheinen will.
que on auprès des autres paraître veut.

116. Guter Ruf ist ein schætzbares Gut,
116. *La bonne renommée est un précieux bien,*

allein man muss nicht alles mit Ængstlichkeit
mais on doit ne pas tout avec timidité

darauf beziehen, man muss sich begnügen, sich
y rapporter, on doit se contenter, se

seiner würdig zu machen.
d'elle digne de rendre.

117. Gewœhne dich, ohne Staunen und Neid
117. *Accoutume toi, sans étonnement et envie*

zu sehen, was über dir, und ohne Verachtung,
de voir, ce qui au-dessus de toi, et sans mépris,

was unter dir ist. Nur kleine Seelen *werfen*
ce qui au-dessous de toi est. Seulement de petites ames prosternent

sich vor der æussern Grœsse *nieder;* man muss nur
se devant la extérieure grandeur; on doit seulement

Eins bewundern : die Tugend.
une chose admirer : la vertu.

118. Fühlst du in dir einen Hang zum Hasse
118. *Sens tu dans toi un penchant à la haine*

I

und zur Rache , so biete deine ganze auf, 'um
et   à la vengeance, alors rassemble toute   force ,   pour

diese niedrigen Leidenschaften zu unterdrücken. Du
ces   viles   passions   réprimer.   Tu

bist dem, welcher dich beleidigt , nur Verachtung
es   à celui, qui   te   offense, seulement de mépris

schuldig, und diess ist eine leicht zu bezahlende
redevable , et   cela est une facile à   payer

Schuld. Kleine Vernachlæssigungen , deren man
dette. De petites   négligences ,   dont   on

sich gegen dich schuldig macht, verdienen   nur
se   envers toi redevable rend ,   méritent seulement

Nachsicht.
indulgence.

119. Lass deine ganze Rache gegen den , der
119. Que   ton   entiere vengeance envers celui , qui

dich beleidigt , darin bestehn, dass du ihn mit
te   offense , en cela consiste , que tu le avec

einer Mæssigung behandelst, die noch   grœsser ist,
une   modération   traites , qui encore plus grande est,

als der Hass , mit dem er dich angreift. Grosse
que la haine , avec laquelle il te   attaque. Les grandes

Seelen nur kennen das Reizende,welches darinne
ames seulement connaissent le charme , qui   en cela

liegt , dass man seinem Feinde verzeiht.
consiste, que on   à son ennemi pardonne.

120. Sey unverbrüchlich , wenn du dein Wort
120. Sois   inviolable , quand tu ta   parole

gegeben hast , und um deinem Worte das grœsste
donné   as , et pour à ta   parole la plus grande

mœgliche Zutrauen zu verschaffen , so halte es
possible confiance   procurer ,   tiens la

jederzeit mit der pünktlichsten Feinheit. Auch in
toujours avec la la plus ponctuelle délicatesse. Même dans

gleichgültig scheinenden Dingen, ehre die Wahr-
indifférentes paraissantes choses, respecte la véri-
heit, und bedenke dass nichts veræchtlicher ist, als
té, et pense que ne rien plus méprisable est, que
sie zu verletzen. Man hat gesagt, die Lüge
de la violer. On a dit, que le mensonge
kündige an, dass man die Gœtter verachte, und
annonce, que on les dieux méprise, et
die Menschen fürchte, und dass derjenige den
les hommes craint, et que celui-là aux
Gœttern gleiche, welcher durchaus Wahrheit sagt,
dieux ressemble, qui toujours la vérité dit,
und nur Gutes thut. Auch die Schwüre muss man
et seulement du bien fait. Aussi les sermens doit on
vermeiden; das Wort des ehrlichen Mannes hat
éviter; la parole d'un honnête homme a
so viel Gewicht, als ein Schwur.
autant importance, que un serment.

121. Die Artigkeit ist ein Verlangen zu gefallen,
121. La politesse est un desir de plaire,
die Natur flœsst es uns selbst ein, Welt und
que la naure inspire à nous même, le monde et
Erziehung erhœhen es. Die Artigkeit ist gleichsam
l'éducation augmentent le. La politesse est également
ein Anhang der Tugend; ja man will sogar sagen,
un supplément à la vertu; on veut même dire,
sie sey in die Welt gekommen, als diese Tochter
que elle soit dans le monde venue, quand cette fille
des Himmels sie verlassen hatte. In jenen rohern
du ciel la abandonné avait. Dans ces plus grossiers
Zeiten, wo mehr Tugend herrschte als jetzt,
tems, où plus de vertu dominait que maintenant,
kannte man die Artigkeit weniger, sie trat ein
connaissait on la politesse moins, elle entra

mit der überhandnehmenden Wollust, ist die Tochter
avec la   contagieuse   volupté, est la   fille

des Luxus und der Verzærtelung; man ist streitig,
du   luxe   et de la   délicatesse;   on   est disputant,

ob sie næher mit dem Laster, oder næher mit
si elle plus proche avec le   vice,   ou plus proche avec

der Tugend verwandt sey. Ohne mir ein entschei-
la   vertu   alliée   est. Sans à moi un   décidant

dendes Urtheil anzumassen, darf ich wenigstens
jugement   arroger,   ose je   au moins

meine Privatmeynung sagen. Ich, für meine Person,
mon   opinion privée   dire. Je, quant à   moi,

halte sie für eines der schœnsten Bande des gesel-
tiens elle pour un   des   plus beaux   liens de la sociale

ligen Lebens, weil sie zu der Friedlichkeit und dem
vie,   puisque elle à la   tranquillité   et   au

sanften Tone desselben so viel beytrægt; sie ist eine
doux   ton   d'elle   autant contribue; elle est une

Vorbereitung zur Menschenliebe, und eine Kopie
préparation   à   la charité,   et   une imitation

der Demuth.
de   l'humilité.

122. Die wahre Artigkeit ist mit Bescheidenheit
122. La   vraie   politesse est avec   la modestie

verknüpft; da sie zu gefallen sucht, so weiss
liée;   comme elle à   plaire cherche, alors sait

sie, dass das beste Mittel, zu diesem Zwecke zu
elle, que le meilleur moyen, à   ce   but de

gelangen, darin bestecht, dass man zeige, man
parvenir, en cela consiste, que on   montre, que on

ziehe sich andern in keinem Stücke *vor*, widme ihnen
préfere se aux autres d'aucune maniere, consacre leur

vielmehr in unsrer Achtung den ersten Rang.
plutôt   dans notre   estime   le premier rang.

123. Stolz entfernt uns von der Vertraulichkeit
123. *L'orgueil éloigne nous de la familiarité*

des geselligen Lebens. Unsre Eigenliebe *weist* uns
de la sociale vie. Notre amour-propre désigne à nous

einen Rang *an*, den uns übrigens jedermann *streitig*
un rang, que à nous du reste chacun dis-

macht, und diese Eigenliebe wird beynahe immer
pute, et cet amour-propre sera presque toujours

durch allgemeine Verachtung bestraft. Die Artigkeit
par général mépris puni. La politesse

ist die Kunst, seine Verbindlichkeiten gegen andere
est le art, ses obligations envers les autres

mit seinen Verbindlichkeiten gegen sich selbst, auf
avec ses obligations envers soi même, de

eine angenehme Weise zu vereinigen. Diese Verei-
une agréable maniere de concilier. Cette conci-

nigung ist keine Kleinigkeit, denn jene Verbind-
liation est nulle petite chose, car ces obliga-

lichkeiten haben ihre Grenzen. Ueberschreitet man
tions ont leurs limites. Passe t'on

diese, so erfolgt auf der einen Seite Schmeicheley
les, il résulte de un côté flatterie

in Beziegung auf andre; auf der andern, Stolz in
par rapport aux autres; de l'autre, orgueil par

Beziehung auf uns. Man kann denken, wie
rapport à nous. On peut penser, combien

angenehm verführerisch es sey, diese Grenzen zu
agréablement séduisant il est, ces limites de

halten.
conserver.

124. Die artigsten Personen zeigen immer
124. *Les les plus polies personnes montrent toujours*

Sanftmuth in ihrem Betragen, und Eigenschaften,
de la douceur dans leur conduite, et des qualités,

welche die Geselligkeit begünstigen. Sie sind es,
qui   la   sociabilité   favorisent. Elles sont le,
wenn ich so sagen darf, die den Gürtel der Venus
si   je ainsi dire ose,   qui la ceinture de Vénus
besitzen.
possedent.

125. Stillschweigen ist einem jungen Frauenzimmer
125. Le silence   est à une jeune   femme
jederzeit anstændig; es erscheint dann mit Bescheiden-
toujours bien séant; il paraît alors avec modestie
heit und Würde. Stillschweigend kannst du über andre
et dignité. En se taisant   peux tu sur les autres
ein heimliches Gerichte halten, wæhrend du selbst
un secret   jugement tenir, pendant que toi même
nichts auf das Spiel setzest. Aber hüte dich, dass
rien   au jeu mets.   Mais garde toi,   que
dein Schweigen nicht etwa Stolz und Uebermuth
ton   silence ne pas   orgueil et   arrogance
verrathe; immer müsse es nur als eine Folge
trahisse; toujours doive il seulement comme une suite
bescheidener Zurückhaltung erscheinen, mit Entfer-
d'une modeste   retenue   paraître, avec éloigne-
nung jedes Anstrichs von Stolze. Auf jeden Fall
ment de chaque apparence de orgueil. Dans chaque cas
lass dir die Regel eingeschærft   seyn,   ehe
laisse à toi la regle fortement recommandée être, avant que
du redest, allezeit zu denken. Denn nur   dann,
tu parles, toujours de réfléchir. Car seulement alors,
wenn deine Ideen   neu   und *auseinander gesetzt*
quand tes idées neuves et   développées
sind, *werden* auch deine Gespræche Klarheit *besitzen.*
sont,   aussi tes   discours   clarté posséderont.

126. Spiele nie die Rolle eines witzigen
126. Joue ne jamais le rôle d'une   d'esprit

Frauenzimmers; diess verræth nie ein guten Cha-
femme ;   cela décele ne jamais un bon ca-
rakter, und selten erwirbt man dadurch Achtung
ractere, et rarement obtient on par-là de l'estime
für sich, dass man andre zu lachen macht.
pour soi, que on les autres rire fait.

127. Suche im geselligen Umgange mehr die
127. Cherche dans le social commerce plus le
Unterhaltung andrer geltend zu machen, als selbst
entretien des autres valoir à faire, que toi-même
zu glænzen. *Hære* gern *zu,* und bezeige weder in
à briller. Ecoute volontiers, et montre ni dans
deinem Blicke, noch in dienen Manieren etwas
ton regard, ni dans tes manieres quelque chose
zerstreutes.
de distrait.

128. Erzæhle in Gesellschaft nicht viel, aber,
128. Conte en société ne pas beaucoup, mais
was du erzæhlst, auf ein feine und einsfache Art.
ce que tu contes, de une délicate et simple maniere.
Siehe tu dass deine Worte und deine Wendungen
Prends garde que tes paroles et tes tournures
nicht alltæglich seyn. Die Welt ist voll von
ne pas journalieres soient. Le monde est plein de
Menschen, welche den Ohren Tœne übergeben,
hommes, qui à l'oreille des tons transmettent,
und dem Geiste nichts sagen. Wenn man spricht,
et à l'esprit ne rien disent. Quand on parle,
muss man zu gefallen, oder zu unterrichten suchen.
doit on à plaire, ou à instruire chercher.
Forderst du Aufmerksamkeit, so musst du sie
Cherches tu de l'attention, alors dois tu elle
durch Vergnügen bezahlen. Ein Gespræch von
par des plaisirs payer. Un discours de

mittelmæssigem Gehalte kann nicht zu kurz
médiocre   contenu   peut   ne pas   trop   court

seyn.
être.

129. Billige, was deinen Beyfall verdient, aber
129. Approuve, ce qui ton suffrage mérite, mais

sey nicht verschwenderisch mit dem Bewundern.
sois ne pas prodigue avec la admiration.

Œftere Bewunderung ist das Erbtheil der Thoren.
La fréquente admiration est le partage des foux.

130. Gewœhne dich, menschlich und gütig gegen
130. Accoutume toi, humaine et bonne envers

deine Bediente zu seyn. Ein Alter sagt: *Man*
tes domestiques de être. Un ancien dit: On

muss seine Bediente betrachten wie unglückliche
doit ses domestiques regarder comme de malheureux

Freunde. Bedenke, dass der ungeheure Abstand
amis. Pense, que la très-grande _ distance

zwischen dir und ihnen nur ein Werk des Zufalls
entre toi et eux seulement un ouvrage du hasard

ist; lass ihnen also ihren Zustand nicht fühlen,
est; fais à eux donc leur état ne pas sentir,

lege nicht neue Lasten auf ihre Leiden; nichts
mets ne pas de nouvelles charges à leurs maux; ne rien

ist niedriger, als sich übermüthig gegen Personen
est plus bas, que se insolemment envers des personnes

zu betragen, die sich uns, von Schicksal und
conduire, qui se à nous, par le destin et

Nothdurft gedrungen, unterwarfen.
la nécessité forcées, soumirent.

131. Bediene dich nicht harter Ausdrücke gegen
131. Sers toi ne pas de dures expressions envers

sie; es giebt eine Menge derselben, die einer
elles; il existe une foule d'elles, qui à une

feinen

feinen und zart fühlenden Person gar nicht
délicatement et tendrement sentante personne pas du tout

in den Sinn kommen sollten. Alle Knechtschaft
dans le esprit venir devraient. Toute domesticité

læuft gegen die natürliche Gleichheit der Menschen;
est contre la naturelle égalité des hommes;

eine edeldenkende Person wird also die Hærte
une pensant noblement personne ainsi la dureté

dieses Verhæltnisses mildern. Ohne Fehler kœnnen
de ce rapport adoucira. Sans défauts pouvons

wir unsere Domestiken nicht erwarten, da wir
nous nos domestiques ne pas espérer, quand nous

ja selbst davon nicht frey sind. Und was für ein
même en ne pas exempts sommes. Et quel

Schauspiel würdest du erœffnen, wenn du wegen
spectacle tu ouvrirais, quand tu pour

eines solchen Verstosses vor Unwillen und Hitze
une telle faute de colere et emportement

ausser dir schienest? — Ich will damit gar
ne pas te posséder paraissais? — Je veux avec cela pas

nicht sagen, dass du eine Vertraulichkeit mit deinen
du tout dire, que tu une familiareté avec tes

Dienstpersonen eingehen solltest. Allein ich fordere,
domestiques avoir doives. Mais je demande,

dass du ihnen diejenigen Rathschlæge, Hülfsleis-
que tu à eux ces conseils, secours

tungen und Wohlthaten zukommen lassest, die
et bienfaits parvenir laisses, qui

ihrem Bedürfnisse und ihrem Stande angemessen
à leurs besoins et leur état proportionnés

sind.
sont.

132. Uebrigens bitte ich dich, an den Schmei-
132. Au reste prie je te, aux flatte-

cheleyen   deiner   Domestiken   keinen   Geschmack
ries   de tes   domestiques   nul   goût
zu finden ,   wie   oft   sie   auch   wiederholt werden
de   trouver ,   aussi   souvent elles aussi   répétées   être
mœchten.   Du wirst   (1)   diess auch   nicht ,   wenn du
pourraient.   Tu feras   cela aussi   ne pas ,   quand tu
bedenkst ,   dass diese Leute   nur   zum Dienste für
penses ,   que   ces   gens seulement au   service pour
deine Schwæchen und deinen Stolz bezahlt werden.
tes   faiblesses   et   ton orgueil   payés   sont.

133. Solltest du ,   meine Tochter,   unglücklicher
134. Devrais tu ,   ma   fille ,   malheureusement
weise diesen   mütterlichen   Rathschlægen untreu
à ces   maternels   conseils   infidele
werden , so sind sie   doch   für mich nicht verlohren,
être ,   sont ils cependant pour moi ne pas   perdus ,
meine Verbindlichkeiten werden dadurch verstærkt
mes   obligations   deviennent   par-là   fortifiées
dass ich sie auch dir gegeben habe. Ich bin   nun,
que   je les aussi à toi données ai.   Je suis maintenant.
doppelt aufgefordert ,   nach Tugend zu ringen.
doublement encouragée ,   d'après la vertu de lutter.

134. Es geschieht   nicht ohne Demüthigung ,
134. Il   arrive   ne pas sans   humiliation ,
meine Tochter ,   dass ich dir über Gegenstænde
ma   fille ,   que   je à toi   sur   des sujets
schreibe ,   die mich an alle meine eignen Fehler
écrive ,   qui   me   de toutes mes   propres   fautes
erinnern.   Indem ich dir sie zeige ,   nehme ich
rappellent. Pendant que je à toi les montre ,   ôte   je
mir das Recht ,   dich zur Verantwortung zu ziehen ,
à moi le   droit ,   te   de rendre responsable.

----

(1) *Thun* signifiant *faire* est sous-entendu.

ich gebe dir die Waffen gegen mich in die Hand;
je donne à toi les armes contre moi à la main;
Waffen, deren du dich bedienen kannst, wenn du
armes, dont tu à toi servir peux, quand tu
findest, dass ich Laster besitze, die den Tugenden
trouves, que je des vices ai, qui aux vertus
entgegen gesetzt sind, welche ich von dir fordre.
en opposition placées sont, que je de toi exige.
Denn Rathschlæge sind ohne Nachdruck, wenn
Car les conseils sont sans impression, quand
sie nicht vom Beyspiele unterstützt werden.
ils ne pas de l'exemple appuyés sont.

ENDE.
FIN.

A V I S

OU

LEÇONS D'UNE MERE

A SA FILLE.

LEHREN EINER MUTTER
FÜR IHRE TOCHTER.

1. Zu allen Zeiten vernachlæssigte man die Erziehung der Frauen, dachte blos auf die Bildung des mænnlichen Geschlechts und überliess jene, gleichsam als gehœrten sie gar nicht zur Menschheit, ohne Stütze und Leitung, ihnen selbst. Man erwog nicht, dass sie die Hælfte unsrer Gattung ausmachen; dass Verbindung mit ihnen für Mænner nothwendig ist, welche, wenn sie selbst vernünftig sind, auch sie vernünftig wünschen; dass Mænner durch sie glücklich oder unglücklich seyn, ganze Hæuser steigen und sinken, kœnnen; — man erwog nicht, dass ihnen die Erziehung der Kinder in einem Lebensalter anvertraut ist, wo die Eindrücke so lebhaft und so tief sind.

2. Welche Gesinnungen kœnnen Frauen ihren Kindern einflœssen, die selbst in ihrer Jugend Gouvernanten aus niedrigen Stænden überlassen waren, die ihnen unedle Grundsætze mittheilten, jede schlafende, schüchterne Leidenschaft in ihnen weckten, und ihnen Aberglauben für Religion gaben?

3. Nichts ist so verfehlt, als die Erziehung, welche junge Frauenzimmer gewœhnlich erhalten, man lehrt ihnen nur den Gebrauch ihrer Reitze, und die Kunst zu gefallen. Weit entfernt, ihnen Tugend und Kraft des Charakters einzuflœssen, stærkt man nur ihre Eigenliebe, giebt sie der

AVIS D'UNE MERE
A SA FILLE.

1. On a, dans tous les tems, négligé l'éducation des femmes; l'on n'a d'attention que pour les hommes; et comme si les femmes étaient une espece à part, on les abandonne à elles-mêmes, sans secours, sans penser qu'elles composent la moitié du monde; qu'on est uni à elles nécessairement par les alliances; qu'elles font le bonheur ou le malheur des hommes, qui toujours sentent le besoin de les avoir raisonnables; que c'est par elles que les maisons s'élevent ou se détruisent; que l'éducation leur est confiée dans la premiere jeunesse, tems où les impressions sont plus vives et plus profondes.

2. Que veut-on qu'elles leur inspirent, puisque dès l'enfance on les abandonne elles-mêmes à des gouvernantes, qui, étant prises ordinairement dans le peuple, leur inspirent des sentimens bas, qui réveillent toutes les passions timides, et qui mettent la superstition à la place de la religion? Il fallait bien plutôt penser à rendre héréditaires certaines vertus, en les faisant passer de la mere aux enfans, qu'à y conserver les biens par des substitutions.

3. Rien n'est donc si mal entendu que l'éducation qu'on donne aux jeunes personnes. On les destine à plaire : on ne leur donne des leçons que pour les agrémens; on fortifie leur amour-propre; on les livre à la mollesse, au monde et aux fausses opinions; on ne leur donne jamais des leçons de vertu

Weichlichkeit, der Zerstreuung und den Vorur-
theilen Preiss.

4. Um Achtung zu verdienen, meine Tochter,
ist es nicht genug dass man sich durchaus dem
æussern Wohlstande angemessen betrage. Grundsætze bilden den Charakter; sie nur geben unserm
Geiste und unserm Willen eine Richtung, welche
die Fertigkeit und Dauer aller Tugenden sichert.

5. Die Stütze aller solcher Grundsætze ist die
Religion; sie muss unserm Herzen tief eingeprægt
seyn, und einen allgemeinen Einfluss auf unsre
moralische Gesinnung haben. Es ist nicht genug,
dass man jungen Personen ihre Pflichten ausüben
lehre, man muss ihnen Liebe zu denselben einflœssen, muss es dahin bringen, dass sie aus
freyer Neigung jeder Verbindlichkeit Genüge
leisten. Die Tugend hat auch so viel Interesse für
uns, dass wir sie nicht für unsre Feindin, sondern
für die Quelle aller wahren Ehre, alles Seelen-
friedens und aller Glückseligkeit ansehen müssen.

6. Du trittst in die Welt ein, meine Tochter,
thu es mit Grundsætzen. Du kannst dich gegen
das, was dich in der Welt erwartet, nicht zu
sehr stærken. Nimm deine ganze Religion mit
hinüber, und næhre diese Religion in deinem Herzen
durch Gefühle, wæhrend du deine Einsicht und
Ueberzeugung von derselben durch Nachdenken
und Lekture unterstürzest.

7. Nichts ist beseligender und nothwendiger,
für den Menschen, als eine Gesinnung, die uns
Lieben und Hoffen lehrt, uns eine glükliche Zukunft gewæhrt, für alle Zeiten passt, die Bande

ni de force. Il y a une injustice ou plutôt une folie à croire qu'une pareille éducation ne tourne pas contre elles.

4. Il ne suffit pas, ma fille, pour être estimable, de s'assujettir extérieurement aux bienséances ; ce sont les sentimens qui forment le caractere, qui conduisent l'esprit, qui gouvernent la volonté, qui répondent de la réalité et de la durée de toutes nos vertus.

5. Quel sera le principe de ces sentimens ? La religion : quand elle sera gravée dans notre cœur, alors toutes les vertus couleront de cette source ; tous les devoirs se rangeront chacun dans leur ordre. Ce n'est pas assez pour la conduite des jeunes personnes, que de les obliger à faire leur devoir ; il faut le leur faire aimer : l'autorité est le tyran de l'extérieur, qui n'assujettit point le dedans. Quand on prescrit une conduite, il faut en montrer les raisons et les motifs, et donner du goût pour ce que l'on conseille. Nous avons tant d'intérêt à pratiquer la vertu, que nous ne devons jamais la regarder comme notre ennemie, mais comme la source du bonheur, de la gloire et de la paix.

6. Vous arrivez dans le monde ; venez-y, ma fille, avec des principes : vous ne sauriez trop vous fortifier contre tout ce qui vous attend. Apportez-y toute votre religion : nourrissez-la dans votre cœur par des sentimens ; soutenez-la dans votre esprit par des réflexions et par des lectures convenables.

7. Rien n'est plus heureux et plus nécessaire que de conserver un sentiment qui nous fait aimer et espérer, qui nous donne un avenir agréable, qui accorde tous les tems, qui assure tous les devoirs,

der Pflichten fester knüpft, und die Kraft unsrer moralischen Güte uns selbst und unsern Mitmenschen verbürgt. Diese Gesinnung kann nur die Religion gewæhren. Ein Alter sagt, er hülle sich in den Mantel seiner Tugend; du, meine Tochter, hülle dich in den Mantel deiner Religion; in ihr wirst du eine mæchtige Schutzwehr gegen die Schwæchen der Jugend finden, und eine sichere Freystatt für dein reiferes Alter.

8. Frauenzimmer, welche ihren Geist nur durch Modegrundsætze genæhrt haben, müssen mit dem Fortgange ihres Lebens in eine Lage kommen, wo sie sich selbst zur Last werden. Die Welt verlæsst sie, und Klugheit gebietet auch ihnen sie zu verlassen. Was sollen sie thun? die Vergangenheit erfüllt sie mit Unruhe, die Gegenwart mit Kummer, und die Zukunft mit Furcht. Nur wenn wir uns frühzeitig der Religion widmen, kœnnen wir dauernder Ruhe sicher seyn. Sie vereinigt uns mit Gott, sœhnt uns mit der Welt aus, und macht uns einig mit uns selbst.

9. Ein junges Frauenzimmer hat bey ihrem Eintritte in die Welt eine hohe Idee von dem Glücke, welches ihrer wartet, und indem es mit Unruhe bestrebt ist, iese Idee in Ausübung zu bringen, verliert es sich oft genug in Leichtsinn und Unbestændigkeit.

10. Die Freuden der Welt sind trügerisch; sie versprechen mehr als sie gewæhren; sie beunruhigen uns, indem wir sie suchen, befriedigen nicht wenn wir sie geniessen, und machen uns verzweifeln, wenn wir sie verlieren.

11. Um deinen Begierden Grænzen zu setzen, bedenke nur dass du ausser dir kein festes und dauerhaftes Glück findest. Ehre und Reichthum

qui répond de nous à nous-mêmes, et qui est notre garant envers les autres. De quel secours la religion ne vous sera-t elle pas contre les disgraces qui vous menacent? Car un certain nombre de malheurs vous est destiné. Un ancien disait *qu'il s'enveloppait du manteau de sa vertu ;* enveloppez-vous de celui de votre religion : elle vous sera d'un grand secours contre les faiblesses de la jeunesse, et un asyle assuré dans un âge plus avancé.

8. Les femmes qui n'ont nourri leur esprit que des maximes du siecle, tombent dans un grand vide en avançant dans l'âge : le monde les quitte, et leur raison leur ordonne aussi de le quitter. A quoi se prendre ? Le passé nous fournit des regrets ; le présent, des chagrins, et l'avenir, des craintes. La religion seule calme tout, et console de tout ; en vous unissant à Dieu, elle vous réconcilie avec le monde et avec vous-même.

9. Une jeune personne qui entre dans le monde a une haute idée du bonheur qu'il lui prépare : elle cherche à la remplir ; c'est la source de ses inquiétudes : elle court après son idée, elle espere un bonheur parfait ; c'est ce qui fait la légereté et l'inconstance.

10. Les plaisirs du monde sont trompeurs : ils promettent plus qu'ils ne donnent ; ils nous inquietent dans leur recherche, ne nous satisfont point dans leur possession, et nous désesperent dans leur perte.

11. Pour fixer vos desirs, pensez que vous ne trouverez point hors de vous de bonheur solide ni durable. Les honneurs et les richesses ne se font

kœnnen uns nicht lange reitzen, ihr Besitz flæsst uns neue Begierden ein, und der œftere Genuss stumpft uns ab. Sage dir es also frühzeitig, und præge dir es tief ein dass die wahre Glückseligkeit von der Vernunft herrührt, dass sie in einem Frieden der Seele besteht, welcher aus der Erfüllung unsrer Pflichten folgt. Dann erst preise dich selig, meine Tochter, wenn alle deine Freuden aus dem innern deiner Seele hervorgehen.

12. Erst bey reifern Iahren wirst du diese Wahrheit nach ihrem vollen Gewichte fühlen, aber schon jetzt bist du fæhig dich ihr zu næhern. Ich selbst gewinne dadurch, dass ich mir sie vergegenwærtige, denn wir kœnnen sie nie zu tief in unsre Herzen graben.

13. Religion und Ehre sind nach dem Wahne

point sentir long-tems ; leur possession donne de nouveaux desirs : l'habitude aux plaisirs les fait disparaître. Avant que de les avoir goûtés, vous pouvez vous en passer ; au lieu que la possession vous a rendu nécessaire ce qui était superflu : vous êtes plus mal à votre aise que vous n'étiez devant : en les possédant, vous vous y accoutumez ; et en les perdant, ils vous laissent du vide et du besoin. Ce qui se fait sentir, c'est le passage d'un état à un autre ; c'est l'intervalle d'un tems malheureux à un tems heureux. Dès que l'habitude est formée, le sentiment du plaisir s'évanouit. On y gagnerait, si on pouvait tout d'un coup tirer de sa raison tout ce qu'il faut pour son bonheur. L'expérience nous renvoie à nous-mêmes ; épargnez-vous ce qu'elle coûte, et dites-vous de bonne heure, d'une maniere ferme et qui vous fixe : *la vraie félicité est dans la paix de l'ame, dans la raison, dans l'accomplissement de nos devoirs.* Ne nous croyons heureuses, ma fille, que lorsque nous sentirons nos plaisirs naître du fond de notre ame.

11. Ces réflexions sont trop fortes pour une jeune personne, et regardent un âge plus avancé ; cependant je vous en crois capable : mais de plus c'est moi qui m'instruis. Nous ne pouvons graver trop profondément en nous des preceptes de sagesse : la trace qu'ils font est toujours légere ; mais il faut convenir que ceux qui s'occupent de réflexions, et qui se remplissent le cœur de principes, sont plus près de la vertu que ceux qui les rejettent. Si nous sommes assez malheureuses pour manquer à notre devoir, au moins faut-il l'aimer. Faisons-nous donc, ma fille, de ces préceptes une aide continuelle pour la vertu.

13. Il y a, dit-on, deux préjugés auxquels il

der Welt nichts als geheiligte Vorurtheile ; ein wahrer Frevel, vor dem du, meine Tochter, dein Gefühl retten wirst. Die Religion ist kein Vorurtheil, besteht nicht aus schwankenden Meinungen, welche eben so gut zum Irrthum, als zur Wahrheit führen kœnnen. Die Ehre ist freylich ein Werk der Menschen, allein die Vernachlæssigung derselben führt grosse Gefahren und Leiden mit sich. Wir müssen also unser Ehrgefühl stærken, und ihm die grœsste mœgliche Feinheit ertheilen.

14. Betrachte die Tugend, welche man von dem Frauenzimmer fordert, nicht als ein blosses Erforderniss der Mode, gewœhne dich nicht etwan an den Gedanken, als ob du deinen Pflichten volle Genüge leistest, wenn du nur deine Handlungen den Augen der Welt entziehest. Du hast zwey Gerichte, denen du nicht ausweichen kannst, das des Gewissens und das der Welt; das Gericht der Welt kannst du tæuschen oder bestechen, aber nimmermehr dein Gewissen. Das Zeugniss von diesem : « Dass du wahre Güte besitzest, » muss dir vor allem nothwendig seyn. Allein desshalb darfst du das œffentliche Urtheil nicht verachten; diese Verachtung zieht gemeiniglich Verachtung der Tugend selbst, nach sich.

15. Wenn du mehrere Erfahrungen in der Welt gemacht haben wirst, wirst du einsehen, dass Bedrohungen der Gesetze nicht nœthig sind, um uns in den Schranken der Pflicht zu halten. Die Beyspiele

faut obéir : la religion et l'honneur. C'est mal parler que de traiter la religion de préjugé ; le préjugé est une opinion qui peut servir à l'erreur comme à la vérité : ce terme ne doit s'appliquer qu'aux choses incertaines ; et la religion ne l'est pas. Quoique l'honneur soit l'ouvrage des hommes, rien n'est plus réel que les maux que souffrent ceux qui ont voulu s'y dérober : il est dangereux de se révolter contre lui; il faut même travailler à fortifier ce sentiment, puisqu'il doit régler votre vie, et que rien n'est plus contraire au repos, et ne nous donne une conduite plus incertaine, que de penser d'une façon et d'agir d'une autre. Donnez-vous, autant que vous pourrez, les sentimens de la conduite qu'il faut garder. Fortifiez donc ce préjugé de l'honneur ; et que votre délicatesse le porte jusques au scrupule.

14. Ne vous relâchez point sur ces principes : ne regardez pas la vertu des femmes comme une vertu ordonnée par l'usage ; ne vous accoutumez pas à croire qu'il suffit de se dérober aux yeux du monde, pour payer le tribut que vous devez à vos obligations. Vous avez deux tribunaux inévitables devant lesquels vous devez passer ; la conscience et le monde. Vous pouvez échapper au monde ; mais vous n'échapperez point à la conscience. Vous vous devez à vous-même le témoignage que vous êtes une honnête personne. Il ne faut pourtant pas abandonner l'approbation publique, parce que du mépris de la réputation naît le mépris de la vertu.

15. Quand vous aurez quelque usage du monde, vous connaîtrez qu'il n'est pas nécessaire d'être menacée par les lois, pour vous contenir dans votre devoir : l'exemple de celles qui se sont relâchées,

von Personen, welche sich durch ihre Immoralitæt in das Verderben stürtzten, müssen auch der gewaltigsten Leidenschaft Einhalt thun kœnnen. Giebt es wohl unter den Frauen, die der Welt leben, eine, welche nicht, wenn sie aufrichtig seyn will, gestehen müsste, dass nichts uns unglückliger machen kann, als wenn wir uns vergessen?

16. Schaam vor uns selbst, ist ein Gefühl, von welchem wir den grœsten Nutzen ziehen kœnnen, wenn wir es gehœrig leiten. Ich rede nicht von iener falschen Schaam, die nur unsre Ruhe stœrt, ohne dass unsre Sitten dadurch gewinnen, ich meyne die, welche uns von Fehltritten zurückhælt, indem wir uns zu entehren fürchten. Oft ist diese Schaam der treueste Hüter der weiblichen Tugend; wenige sind tugendhaft durch ihre Tugend allein.

17. Es giebt grosse Tugenden, welche, wenn man sie bis auf einen gewissen Grad besitzt, für viele Fehler Verzeihung bewirken: bey den Mænnern ist es der hœchste Grad von Unerschrockenheit und Geistesstærke, bey dem Frauenzimmer der hœchste Grad von Schamhaftigkeit.

18. Man verzieh der Agrippina, der Gemahlin des Germanikus, alles, weil sie so keusch war; sie wær ehrsüchtig und stolz, aber alle ihre Leidenschaften, sagt Tacitus, waren durch ihre Keuschheit geheiligt.

19. Bist du für ein feines und zartes Gefühl, in Hinsicht deines guten Rufs, gestimmt, meine Tochter! fürchtest du von Seiten der wesentlichen Tugenden angegriffen zu werden; wohl dann, es giebt ein Mittel deine Furcht zu heben und deine Delikatesse zu befriedigen; diese besteht darinn, dass du wirklich tugendhaft seyst. Sey unablæssig

les malheurs qui les ont suivies de si près, suffi-
raient pour arrêter le penchant le plus rapide; car
il n'y a pas une femme galante qui, si elle veut
être sincere, ne vous avoue que c'est le plus grand
malheur du monde que de s'être oubliée.

16. La honte est un sentiment dont on peut tirer
de grands avantages, en la ménageant bien : je ne
parle point de la mauvaise honte, qui ne fait que
troubler notre repos, sans tourner au profit de nos
mœurs; je veux dire celle qui nous détourne du mal
par la crainte du déshonneur. Il faut l'avouer, cette
honte est quelquefois le plus fidele gardien de la
vertu des femmes : très-peu sont vertueuses pour la
vertu même.

17. Il y a de grandes vertus qui, portées à un
certain degré, font pardonner bien des défauts : la
suprême valeur dans les hommes, et l'extrème pudeur dans les femmes.

18. On pardonnait tout à Agrippine, femme de
Germanicus, en faveur de sa chasteté : cette princesse était ambitieuse et hautaine; mais, dit Tacite,
toutes ses passions étaient consacrées par sa chasteté.

19. Si vous êtes sensible et délicate sur la réputation, si vous craignez d'être attaquée sur les vertus essentielles, il y a un moyen sûr pour calmer vos
craintes, et pour contenter votre délicatesse; c'est
d'être vertueuse. Ne songez qu'à épurer vos sentimens; qu'ils soient raisonnables et pleins d'honneur.
Songez à être contente de vous-même : c'est un

bestrebt, deine Gesinnungen zu læutern, bringe sie alle in Harmonie mit der Vernunft und dem Gedanken der wahren Ehre, befleissige dich deine eigne Zufriedenheit zu verdienen. Du wirst dir dadurch eine Fülle sichrer Freuden, Lob und Achtung unter deinen Mitmenschen erwerben. Erwirb dir nur erst wahre Tugenden, dann wird es dir nie an Menschen fehlen, welche dich schætzen.

20. Frauenzimmer sind nicht bestimmt zu glænzenden Tugenden, ihnen gehœren die einfachen und friedlichen Tugenden. Fama belastet sich nicht mit unsern Verdiensten. Ein Alter sagt: «Glænzende Tugenden sind für die Mænner, und lasst dem Frauenzimmer nur das einzige Verdienst, in der Stille zu wirken. Nicht diejenigen Frauen, sagt er: die man am meisten lobt, sind auch die lobenswürdigsten; jene sind es, von denen man gar nicht spricht.» Der Gedanken scheint mir schief, allein er enthælt doch das Wahre, dass man Welt und Glanz, die allezeit der Schamhaftigkeit Eintrag thun, vermeiden, und sich daran begnügen muss, sein eigner Zuschauer zu seyn.

21. Tugendhaft zu seyn ist für die Frauen um so schwerer, da der Ruhm sie in der Ausbildung ihrer Tugenden nicht unterstützt. Sich selbst genügen, und gleichsam einheimisch bey sich seyn, nichts regieren, als nur sich, und sein Hauswesen, sich der Einfachheit, der Gerechtigkeit und der Bescheidenheit befleissigen, sind schwere Tugenden, denn sie sind geræuschlos und machen kein Ansehen.

22. Man muss viel Verdienst besitzen, um über æussern Glanz erhaben zu seyn, und viel Energie, um nur in seinen eignen Augen tugendhaft zu seyn. Der Gedanke unsers guten Rufes muss

revenu de plaisirs certains ; et vous aurez encore la louange et la bonne réputation : de plus, ayez de vraies vertus, vous trouverez assez d'approbateurs,

20. Les vertus d'éclat ne sont point le partage des femmes, mais bien les vertus simples et paisibles. La renommée ne se charge point de nous. Un ancien dit, *que les grandes vertus sont pour les hommes :* il ne donne aux femmes que le seul mérite d'être inconnues ; *et ce ne sont point celles, dit-il, qu'on loue le plus qui sont les mieux louées, mais celles dont on ne parle point.* La pensée me paraît fausse ; mais pour réduire cette maxime en conduite, je crois qu'il faut éviter le monde et l'éclat, qui prennent toujours sur la pudeur, et se contenter d'être à soi-même son propre spectateur.

21. Les vertus des femmes sont difficiles, parce que la gloire n'aide pas à les pratiquer. Vivre chez soi, ne régler que soi et sa famille, être simple, juste et modeste ; vertus pénibles, parce qu'elles sont obscures.

22. Il faut avoir bien du mérite pour fuir l'éclat, et bien du courage pour consentir à n'être vertueuse qu'à ses propres yeux. La grandeur et la réputation sont des soutiens à notre faiblesse : c'en

eigentlich nichts weiter als eine Stütze für unsre
Schwæche seyn. Weit entfernt dass er der entschei-
dende Beweggrund unsrer Handlungen seyn sollte,
muss uns vielmehr einzig das reine Bewusstseyn
unsrer Pflicht bestimmen; jenen guten Ruf müssen
wir nur als eine zufællige Folge unsrer
Tugend betrachten.

23. Du musst dich, meine Tochter, überzeugen,
dass Vollkommenheit und Glückseligkeit zusamen-
hængen, dass du nur durch Tugend glückselig
seyn kannst, und dass unsre meisten Leiden nur
von unsern moralischen Fehltritten herrühren.
Wæhrend jede Verletsung unsrer Unschuld Kummer nach sich zieht, folgt auf Tugend jederzeit
für die, welche ihr treu bleiben, Freude.

24. Glaube nicht, dass Schamhaftigkeit die
einzige Tugend des Weibes sey. Viele Frauenzimmer kennen nur sie, sie bilden sich ein,
dass sie dadurch von allen übrigen Pflichten der
Gesellschaft entbunden sind, dass sie übermüthig
und verlæumderich sein kœnnen, wenn sie nur
nie von den Gesetzen der Schamhaftigkeit
abweichen.

25. Anna von Bretagne, jene stolze und
herrschsüchtige Prinzessin, verursachte Ludwig dem
Zwœlften viele Leiden, und oft sagte dieser
gute Prinz, wenn er ihr nachgab: « Man muss
die Keuschheit der Weiber theuer bezahlen. »

26. Lass dir, meine Tochter, die deinige gar
nicht bezahlen; denke, dass diese eine Tugend
ist, welche du dir selbst schuldig bist, und
welche Werth und Glanz verliert, wenn sie nicht
von den übrigen Tugenden begleitet wird.

est une que de vouloir se distinguer et s'élever. L'ame se repose dans l'approbation publique ; et la vraie gloire consiste à s'en passer. Qu'elle n'entre donc point dans les motifs de vos actions ; c'est bien assez qu'elle en soit la récompense.

23. Il faut, ma fille, être persuadée que la perfection et le bonheur se tiennent ; que vous ne serez heureuse que par la vertu, et presque jamais malheureuse que par le déréglement. Que chacun s'examine à la rigueur, il trouvera qu'il n'a jamais eu de douleur vive qu'il n'y ait donné lieu par quelque défaut, ou par le manque de quelque vertu. Le chagrin suit toujours la perte de l'innocence ; mais il y a à la suite de la vertu un sentiment de douceur qui paie comptant ceux qui lui sont fideles.

24. Ne croyez pourtant pas que votre seule vertu soit la pudeur : il y a bien des femmes qui n'en connaissent point d'autre, et qui se persuadent qu'elle les acquitte de tous les devoirs de la société : elles se croient en droit de manquer à tout le reste, et d'être impunément orgueilleuses et médisantes.

25. Anne de Bretagne, princesse impérieuse et superbe, faisait souffrir Louis XII, et ce bon prince disait souvent en lui cédant : *Il faut bien payer la chasteté des femmes.*

26. Ne faites point payer la vôtre ; songez, au contraire, que c'est une vertu qui ne regarde que vous, et qui perd son plus grand lustre si les autres ne l'accompagnent.

27. Suche aber deiner Schamhaftigkeit die græsste Zartheit zu geben. Die Unlauterkeit unsrer Gesinnungen geht unmerklich von dem Herzen in den Mund über, verunreinigt und verunedelt unsere Gespræche.

28. Selbst die lebhaftesten Leidenschaften bedürfen der Schamhaftigkeit, wenn sie in einer reizenden Gestalt erscheinen sollen; diese muss sich über alle deine Handlungen verbreiten, muss deine ganze Person zieren und verschœnern.

29. Man sagt, Jupiter habe, da er die Leidenschaften des Menschen bildete, einer jeden ihre Wohnung angewiesen; die Schamhaftigkeit schien vergessen zu seyn, und als sie sich zeigte, ward ihr vergœnnt, sich unter alle übrigen zu mischen. Und seit dieser Zeit ist sie von den Tugenden unabtrennlich; sie ist eine Freundin der Wahrheit, und verræth die Taüschung, wenn sie einen Angriff auf jene wagen will, sie ist mit der Liebe durch enge Bande verknüpft, begleitet sie stets, ist oft ihre Verrætherin, die Liebe verliert allen Reiz, wenn sie wegfællt.

30 Dein erster Schmuck sey Bescheidenheit, sie gewæhrt grosse Vortheile; sie erhœht die Schœnheit und ist gleichsam eine Ergænzung derselben; der Missgestalt selbst dient sie zu einem mildernden Schleyer.

31. Es ist traurig dass Hæsslichkeit gewœhnlich den Werth eines Frauenzimmers in Schatten stellt. Wen interessirt es, die Vorzüge des Geistes und Herzens hinter einer ungünstigen Figur zu suchen? Und wie viel kostet es, ehe das Verdienst eines hæsslichen Frauenzimmers die Wirkung ihrer Gestalt überwindet!

32. Du bist nicht ohne Reize, aber auch keine

27. Il faut avoir une pudeur tendre. Le désordre intérieur passe du cœur à la bouche ; et c'est ce qui fait les discours déréglés.

28. Les passions même les plus vives ont besoin de la pudeur pour se montrer sous une forme séduisante : elle doit se répandre sur toutes vos actions; elle doit parer et embellir toute votre personne.

29. On dit que Jupiter, en formant les passions, leur donna à chacune sa demeure ; la pudeur fut oubliée, et quand elle se présenta, on ne savait plus où la placer, on lui permit de se mêler avec toutes les autres. Depuis ce tems-là, elle en est inséparable ; elle est amie de la vérité, et trahit le mensonge qui ose l'attaquer ; elle est liée et unie particuliérement avec l'amour ; elle l'accompagne toujours, et souvent elle l'annonce et le décele : enfin l'amour perd ses charmes quand il est sans elle. C'est un grand lustre à une jeune personne que la pudeur.

30. Que votre premiere parure soit donc la modestie : elle a de grands avantages; elle augmente la beauté, et sert de voile à la laideur ; la modestie est le supplément de la beauté.

31. Le grand malheur de la laideur, c'est qu'elle éteint et ensévelit le mérite des femmes. On ne va point chercher dans une figure disgraciée les qualités de l'esprit et du cœur : c'est une grande affaire, quand il faut que le mérite se fasse jour au travers d'un extérieur désagréable.

32. Vous n'êtes pas née sans agrémens ; mais

Schœnheit; man wird dir nichts schenken, und diess muss dich verbinden, dir wahren Werth zu erwerben.

33. Schœnheit gewæhrt einem Frauenzimmer viel; sie ist, sagt ein Alter, eine kurze Tyranney und das erste Privilegium der Natur; schœne Personen tragen Empfehlungsbriefe an der Stirn. Sehr wahr! Schœnheit flœsst jederzeit eine angenehme Empfindung ein, welche für ein Frauenzimmer einnimmt.

34. Der Vorzug, eine Schœnheit zu seyn, ist dir von der Natur versagt; um so strenger wird man dich beurtheilen. Entferne also von deinem Betragen alles, was dich in den Verdacht bringen kœnnte, als tæuschtest du dich in der Schætzung deiner Gestalt; eine mittelmæssige Figur mit dem Ansehen der Anmassung ist hœchst widrig. Weder in deinen Gespræchen, noch in deiner Kleidung verrathe sich Kunst, oder, wenn du dir sie erlaubst, wisse sie wenigstens auch zu verbergen; die feinste Kunst ist immer diejenige, welche man nicht bemerkt.

35. Unsre Talente und Reize dürfen wir nicht vernachlæssigen, denn Frauenzimmer sind bestimmt zu gefallen; aber weit angelegentlicher müssen wir daran denken uns wahren Werth zu geben. Die Wirkung unsrer Gestalt dauert eine kurze Zeit; nichts ist trauriger als die spætere Lebensperiode von Frauen, die nur schœn waren. Hast du eine Person des andern Geschlechts durch deine Annehmlichkeit an dich gezogen, so mache sie zu deinem Freunde und suche sie bloss durch wahren Werth zu fesseln.

36. Est ist schwer, bestimmte Regeln zu gefallen zu geben, Reize ohne Verdienst gefallen

vous n'êtes pas une beauté : cela vous oblige à faire provision de mérite ; on ne vous fera grace sur rien.

33. La beauté a de grands avantages. Un ancien dit, *que c'est une courte tyrannie, et le premier privilége de la nature ; que les belles personnes portent sur leur front des lettres de recommandation.* La beauté inspire un sentiment de douceur qui prévient. Si vous n'avez pas ces avantages ; on vous jugera à la rigueur.

34. Qu'il n'y ait donc rien dans votre air ni dans vos manieres qui fasse sentir que vous vous ignorez. L'air de confiance révolte dans une figure médiocre. Que rien ne sente l'art, ni dans vos discours ; ni dans vos ajustemens ; ou qu'il soit difficilement apperçu : l'art le plus délicat ne se fait point sentir.

35. Il ne faut pas négliger les talens, ni les agrémens, puisque les femmes sont destinées à plaire : mais il faut bien plus penser à se donner un mérite solide, qu'à s'occuper de choses frivoles. Rien n'est plus court que le regne de la beauté; rien n'est plus triste que la suite de la vie des femmes qui n'ont sû qu'être belles. Si l'on a commencé à s'attacher à vous par les agrémens, ramenez tout à l'amitié, et faites qu'on y demeure par le mérite.

36. Il est difficile de donner des regles certaines pour plaire. Les graces sans mérite ne plaisent pas

nicht lange „ und Verdienst ohne Reize erwirbt
Achtung, aber rührt nicht. Frauenzimmer müssen
also ein liebenswürdiges Verdienst besitzen, müssen
die Grazien mit den Tugenden verbinden. Ich
schränke das Verdienst eines Frauenzimmers nicht
auf die Schamhaftigkeit ein, ich gebe ihm einen
grœssern Umfang. Alle Tugenden, die man nur von
dem Manne fordern kann, Redlichkeit, Gewissen-
haftigkeit, Freundschaft, müssen auch die Zierden
eines liebenswürdigen Weibes seyn; sie muss ausser
den Annehmlichkeiten ihrer Gestalt, auch noch
Reize von Seiten des Herzens und ihrer Gefühle
haben.

37. Nichts ist schwerer, als ohne jene Bemü-
hung zu gefallen, welche Coquetterie verräth.
Sinnlichen Männern, wie die gewœhnlichen Welt-
menschen sind, gefallen Frauenzimmer immer
mehr wegen ihren Fehlern, als wegen ihren guten
Eigenschaften. Sie wollen nur von den Schwæchen
liebenswürdiger Personen Gewinn ziehen; mit ihren
Tugenden würden sie nichts zu machen wissen.
Achten wollen sie überhaupt nichts, und belustigen
sich lieber mit veræchtlichen Personen, als dass sie
dem Werthe tugendhafter Personen huldigten,
welches ihnen læstig ist.

38. Man muss das menschliche Herz kennen,
wenn man gefallen will. Die Männer haben weniger
Sinn für wahre Trefflichkeit, als für den Reiz
des Neuen. Allein die Blüte der Neuheit dauert
nicht lange; was uns jetzt als neu gefiel,
missfællt uns bald als etwas Gemeines.

39. Um den Geschmack der Männer für das
Neue zu beschæftigen, muss man viele Hülfsquel-
len und verschiedene Arten von Vorzügen in sich
vereinigen. Man muss nicht bloss auf die Wirkung

long-tems, et le mérite sans graces peut se faire estimer sans toucher : il faut donc que les femmes aient un mérite aimable, et qu'elles joignent les graces aux vertus. Je ne borne pas simplement le mérite des femmes à la pudeur ; je lui donne plus d'étendue. Une honnête femme a les vertus des hommes, l'amitié, la probité, la fidélité à ses devoirs ; une femme aimable doit avoir non seulement les graces extérieures, mais les graces du cœur et des sentimens.

37. Rien n'est si difficile que de plaire sans une attention qui semble tenir à la coquetterie. C'est plus par leurs défauts que par leurs bonnes qualités, que les femmes plaisent aux gens du monde : ils veulent profiter des faiblesses des personnes aimables ; ils ne feraient rien de leurs vertus. Ils n'aiment point à estimer, ils aiment mieux être amusés par des personnes peu estimables, que d'être forcés d'admirer des personnes vertueuses.

38. Il faut connaître le cœur humain quand on veut plaire : les hommes sont bien plus touchés du nouveau que de l'excellent ; mais cette fleur de nouveauté dure peu : ce qui plaisait comme nouveau, déplaît bientôt comme commun.

39. Pour occuper ce goût pour la nouveauté, il faut avoir en soi bien des ressources et des sortes de mérites : il ne faut pas se fixer aux seuls agrémens ; il faut présenter à l'esprit une variété de graces et

kœrperlicher Annehmlichkeiten rechnen, man muss vielmehr dem Geiste eine Mannigfaltigkeit von Liebreizen und Verdiensten darbieten , dadurch unterhælt man die Gefühle des mænnlichen Herzens und læsst es in einem und demselben Gegenstande alle Freuden der Unbestændigkeit geniessen.

40. Mædchen besitzen von Natur ein lebhaftes Verlangen zu gefallen. Da ihnen die Wege verschlossen sind, welche zum Ruhme und zum Ansehen führen, so nimmt ihr Ehrgeiz eine andre Richtung, und sie suchen sich natürlich durch die Wirkungen ihrer Reize zu entschædigen.

41. Schœnheit tæuscht die Person welche sie besitzt, sie berauscht die Seele. Bedenke indessen dass zwischen dem schœnen Weibe und dem welches es nicht mehr ist, nur sehr wenig Jahre liegen. Ueberwinde den zu mæchtigen Hang zu gefallen, der deinem Geschlechte eigen ist; zeige ihn wenigstens nicht. Setze dem Geschmacke für Kleidung Grænzen , und mache die Befriedigung desselben nicht zu deinem Hauptgeschæfte; der wahre Reiz hængt nicht von einem zu gesuchten Putze ab. Man muss der Mode Genüge leisten, wie man die Pflichten einer læstigen Knechtschaft ausübt, muss ihr nichts gewæhren, als wass man ihr nicht abschlagen darf. Kœnnte man die Mode auf einen festen Fuss von Vollkommenheit, Bequemlichkeit, und Annehmlichkeit setzen, so wære sie vernünftig, und verdiente Achtung; allein da sie immer und ohne Grund wechselt, so erscheint sie mehr wie eine læcherliche Thorheit, denn als Gegenstand des guten und feinen Geschmacks.

42. Der gute Geschmack verwirft die übertriebene Delicatesse; er behandelt Kleinigkeiten als Kleinigkeiten, und beschæftigt sich nur flüchtig mit ihnen.

de mérite, pour soutenir les sensimens, et faire jouir dans le même objet de tous les plaisirs de l'inconstance.

40. Les filles naissent avec un violent desir de plaire : comme elles trouvent fermés les chemins qui conduisent à la gloire et à l'autorité, elles prennent une autre route pour y arriver et se dédommager par les agrémens.

41. La beauté trompe la personne qui la possede, elle enivre l'ame : cependant faites attention qu'il n'y a qu'un fort petit nombre d'années de différence entre une belle femme et une qui ne l'est plus. Surmontez cette envie excessive de plaire; du moins ne la montrez pas. Il faut mettre des bornes à ses ajustemens, et ne s'en pas occuper : les véritables graces ne dépendent pas d'une parure trop recherchée. Il faut satisfaire à la mode comme à une servitude fâcheuse, et ne lui donner que ce qu'on ne peut lui refuser. La mode serait raisonnable, si elle pouvait se fixer à la perfection, à la commodité et à la bonne grace : mais changer toujours, c'est inconstance, plutôt que politesse et bon goût.

42. Le bon goût rejette la délicatesse excessive : il traite les petites choses, de petites, et n'en est point occupé.

d

43. Reinlichkeit ist etwas angenehmes und nimmt allerdings unter den weiblichen Reizen einen Platz ein; allein sie wird kleinlich, wenn man sie übertreibt. Es verræth mehr Geist, wenn man sich über unbedeutenden Dingen ein wenig vernachlæssigt, als wenn man zu viel Sorgfalt darauf verwendet.

44. Junge Frauenzimmer bekommen leicht Langeweile; unbekannt mit der Welt lassen sie sich von jedem sinnlichen Gegenstande hinreissen. Indessen ist die Langeweile das geringste Leiden, welches sie zu fürchten haben. Ausgelassene Vergnügungen vertragen sich mit der Tugend nicht, sie sind allezeit gefæhrlich. Wenn auch ein Frauenzimmer den Wohlstand noch so genau beobachtet, und sich in den Grænzen der Schamhaftigkeit hælt, so bekommt es dennoch, so bald es sich den lebhaftern Vergnügungen hingiebt, eine Gleichgültigkeit gegen das, was man Tugend nennt, und wird saumselig in der Ausübung ihrer Pflichten. Man sieht die Wirkungen dieses Giftes nicht, dessen geringste Folgen die sind, dass es die Ruhe unsers Lebens stœrt, unsern Geschmack verdirbt, und uns gegen alle einfache Vergnügungen fühlos macht.

45. Zeige dich nicht immer im Schauspiele, es ist gegen die Würde eines Frauenzimmers; nicht zu gedenken, dass eine bestændige Zerstreuung dieser Art sich mit der weiblichen Tugend schwerlich vereinbaren læsst, und der hæufige Besuch des Theaters vielleicht auch für den Geschmack nachtheilig ist, so versteht auch ein Frauenzimmer,

43. La propreté est un agrément, et tient son rang dans l'ordre des choses gracieuses ; mais elle devient petitesse dès qu'elle est outrée : il est d'un meilleur esprit de se négliger sur les choses peu importantes, que de s'y rendre trop délicate.

44. Les jeunes personnes sont sujettes à s'ennuyer : comme elles ignorent tout, elles courent avec inquiétude vers les objets sensibles : l'ennui est pourtant le moindre des maux qu'elles aient à craindre. Les joies excessives ne sont point à la suite des vertus : tout ce qui s'appelle plaisir vif est danger. Quand on serait assez retenu pour ne point blesser les bienséances, et pour demeurer dans les bornes prescrites à la pudeur ; dès que le plaisir du cœur s'est fait sentir, il répand dans l'ame je ne sais quelle douceur qui donne du dégoût pour tout ce qui s'appelle vertu : il vous arrête et vous rallentit sur vos devoirs. Une jeune personne ne voit pas les suites de ce poison, dont le moindre effet est de troubler le repos de la vie, de gâter le goût, et rendre insipides tous les plaisirs simples. Quand on établit une personne assez heureuse pour n'avoir pas le cœur touché, comme il y a en nous un sentiment qui cherche à s'unir, et que ce sentiment n'a point été employé, elle se porte et se donne naturellement à la personne qu'on lui destine.

45. Soyez retenue sur les spectacles. Il n'y a point de dignité à se montrer toujours : il est, de plus, difficile que l'exacte pudeur se conserve avec l'extrême dissipation : ce n'est pas connaître ses intérêts. Si vous avez de la beauté, il ne faut pas user le goût du public en vous montrant toujours : il faut encore être plus retenue, si vous êtes sans

es sey nun schœn oder ohne Reize, sein Interesse
wenig, wenn es sich immer vor dem Publikum
zeigt; es wird alltæglich, und wohl gar veræchtlich.

46. Wenn du nur für das Vergnügen lebst,
meine Tochter, so kannst du einer gewissen Leere
der Seele nicht entgehen, so bald du entweder den
Geschmack am Vergnügen verlierst, oder aus
Grundsætzen der Vernunft ihm entsagen musst.
Suchst du dauernde Freuden, so ziehe das Vergnügen
überhaupt nur als Erholung von ernsthaften
Beschæftigungen an. Die Vernunft sey nur immer
deine Gesellschafterin, und gewiss wirst du keine
Leere der Seele fühlen, wenn du auch der
Vergnügungen entbehren musst.

47. Wenn wir ein unverdorbenes Herz besitzen,
wissen wir von allem Gewinn zu ziehen, und alles
gewæhrt uns Genuss. Sind unser Geist und unser
Herz nicht durch verführerische Bilder der Einbildungskraft, oder durch eine heftige Leidenschaft
verstimmt, so findet sich der Frohsinn leicht,
Gesundheit und Unschuld sind seine wahren Quellen.
Hat man sich aber einmal unglücklicherweise an
rauschende Vergnügungen gewœhnt, so wird man
für den Genuss der einfachen und sanftern
abgestumpft.

48. Man muss sich vor jenen grossen Erschüt-
terungen der Seele hüten, welche nur Langeweile
und Ekel zur Folge haben; sie sind jungen
Frauenzimmer um so gefæhrlicher, da sie sich
von ihren Gefühlen leicht hinreissen lassen.

49. « Die Mæssigkeit, sagt ein Alter, ist die

graces : d'ailleurs, le grand usage des spectacles affaiblit le goût.

46. Quand vous ne vivez que pour les plaisirs, et qu'ils vous quittent, ou parce que votre goût cesse, ou parce que votre raison vous les défend, l'ame tombe dans un grand vide. Si vous voulez donc faire durer vos plaisirs et vos amusemens, ne les faites servir que de délassemens à des occupations plus sérieuses. Soyez en société avec votre raison, et que l'absence des plaisirs ne vous laisse ni vide, ni besoin. Il faut donc ménager ses goûts : nous ne tenons à la vie que par eux : c'est l'innocence qui les conserve ; c'est le déréglement qui les corrompt.

47. Quand nous avons le cœur sain, nous tirons parti de tout, et tout se tourne en plaisirs. Nous approchons des plaisirs avec un goût de malade : souvent nous croyons être délicats, que nous ne sommes que dégoûtés. Quand on ne s'est pas gâté l'esprit et le cœur par les sentimens qui séduisent l'imagination, ni par aucune passion ardente, la joie se trouve aisément : la santé et l'innocence en sont les vraies sources : mais dès qu'on a eu le malheur de s'accoutumer aux plaisirs vifs, on devient insensible aux plaisirs modérés. On se gâte le goût par les divertissemens ; on s'accoutume tellement aux plaisirs ardens, qu'on ne peut se rabattre sur les simples.

48. Il faut craindre ces grands ébranlemens de l'ame, qui préparent l'ennui et le dégoût : ils sont plus à redouter pour les jeunes personnes, qui résistent moins à ce qu'elles sentent.

49. *La tempérance*, disait un ancien, *est la*

reichste Quelle des Vergnügens „. Wer ihr getreu
bleibt, kann auf Gesundheit der Seele und des
Leibes rechnen, geniesst einer süssen und sich
immer gleichen Freude, bedarf keiner Schauspiele
und keines grossen Aufwandes. Eine interessante
Lekture, eine Arbeit, eine Unterhaltung verursachen
einen wahrern Genuss, als der ganze Prunk
rauschender Vergnügungen.

50. Verfahre planmæssig in allen deinen
Entwürfen und Handlungen. Glücklich wære es,
wenn man wegen seines Vermœgens gar nicht
besorgt zu seyn brauchte; allein da das deinige
eingeschrænkt ist, so musst du dir die Regel der
Sparsamkeit zu eigen machen. Thust du dieses nicht,
so werden deine Umstænde bald in Unordnung
gerathen, und eine solche Situation ist für die
Moralitæt eines Frauenzimmers gefæhrlich.

51. Hoffahrt führt gewœhnlich Zerrüttung der
Vermœgensumstænde herbey, und ist beynahe immer
von Verderbniss der Sitten begleitet.

52. Allein man braucht, um von jener Seite
Ordnung zu unterhalten, gerade nicht geizig zu seyn.
Geiz bringt überhaupt wenig Gewinn, und entehrt
den Menschen. Indem man sich jener Ordnung
befleissigt, muss man nichts weiter suchen, als
diejenige Schande und Ungerechtigkeit zu vermeiden,
welche mit einer regellosen und verschwenderischen
Lebensart verknüpft ist. Man muss die überflüs-
sigen Ausgaben nur desshalb wegschneiden,
um jene, welche Wohlstand, Freundschaft und
Menschenliebe fordern, desto anstændiger machen
zu kœnnen.

meilleure ouvriere de la volupté : avec cette tempérance, qui fait la santé de l'ame et du corps, on
a toujours une joie douce et égale ; on n'a besoin
ni de spectacles, ni de dépenses : une lecture, un
ouvrage, une conversation, font sentir une joie
plus pure que l'appareil des plus grands plaisirs.
Enfin les plaisirs innocens sont d'un meilleur usage,
ils sont toujours prêts ; ils sont bienfaisans, ils ne
se font point acheter trop cher : les autres flattent,
mais ils nuisent ; le tempérament de l'ame s'altere
et se gâte, comme celui du corps.

50. Mettez de la regle dans toutes vos vues et
dans toutes vos actions : il serait heureux de n'avoir
jamais à compter avec la fortune ; mais comme la
vôtre est bornée, elle vous assujettit à la regle. Soyez
retenue sur la dépense : si vous n'y apportez de la
modération, vous verrez bientôt le désordre dans
vos affaires : dès que vous n'avez plus d'économie
vous ne pouvez répondre de rien.

51. Le faste entraîne la ruine ; la ruine est presque toujours suivie de la corruption des mœurs.

52. Mais pour être réglée, il ne faut pas être
avare. Songez que l'avarice profite peu, et déshonore beaucoup. On ne doit chercher dans une conduite réglée, qu'à éviter la honte et l'injustice attachées à une conduite déréglée : il ne faut retrancher
les dépenses superflues, que pour être en état de
faire mieux celles que la bienséance, l'amitié et la
charité inspirent.

53. Man gewinnt in Rücksicht seiner Oekonomie nicht so wohl durch ængstliche Aufmersamkeit auf Kleinigkeiten , als vielmehr durch gute Ordnung im Ganzen.

54. Plinius sagt zu seinem Freunde , als er ihm eine betræchtliche Obligation zurückschickte , die er von seinem Vater in den Hænden hatte : « Ich habe wenig Vermœgen , und bin zu einem grossen Aufwande verbunden; allein ich habe mir in meiner Mæssigkeit gleichsam einen Fonds eröffnet , der mich in den Stand setzt, gegen meine Freunde so gefællig zu seyn, als ich es bin. » So schrænke auch du, meine Tochter ! deine Lieblingsneigungen und Vergnügungen ein, um dich dadurch fæhig zu machen, jener edlen Menschenliebe Genüge zu leisten, welche jede Person, deren Herz nicht entartet ist, besitzen muss.

55. Ueberwinde die Bedürfnisse der Eitelkeit. Man muss es sich nie zum Zwecke machen, durch seine Annehmlichkeiten eine andere Person seines Geschlechts zu übertreffen. Nære einen edlen Ehrgeiz, lass nie zu, dass irgend ein Mensch mehr Ehrgefühl , Rechtschaffenheit und Geradheit besitze als du. Mache die Tugend zu deinem herrschenden Bedürfnisse ; Armuth des Herzen ist schlimmer, als Armuth an Gelde.

56. Gründe, wæhrend du noch jung bist, deinen guten Ruf, und Ordnung in deinen Angelegen‑ heiten ; in einem spætern Alter würde es dir schwer werden. Karl der fünfte sagte : « Das Glück liebe junge Leute ». In deiner Jugend begünstigt dich alles , kommt alles dir entgegen. Junge Frauenzimmer herrschen, ohne daran zu denken. Wirst du ælter seyn, dann unterstützt dich nichts mehr , verschwunden ist dann jener verführerische

53. C'est le bon ordre, et non l'attention aux petites choses, qui fait les grands profits.

54. Pline, en renvoyant à son ami une obligation considérable qu'il avait de son pere, avec une quittance générale, lui dit : *J'ai peu de bien : je suis obligé à beaucoup de dépenses ; mais je me suis fait un fond de frugalité, et c'est d'où je tire les services que je rends à mes amis.* Prenez sur vos goûts et sur vos plaisirs, pour avoir de quoi satisfaire aux sentimens de générosité que toute personne qui a le cœur bien fait doit avoir.

55. N'écoutez pas les besoins de la vanité. *Il faut être*, dit-on, *comme les autres* : ce *comme* là s'étend bien loin. Ayez une émulation plus noble, ne souffrez pas que personne ait plus d'honneur et de droiture que vous. Sentez le besoin de la vertu : la pauvreté de l'ame est pire que celle de la fortune.

56. Pendant que vous êtes jeune, formez votre réputation, augmentez votre crédit, arrangez vos affaires ; dans un autre âge, vous auriez plus de peine. Charles-Quint disait que *la fortune aimait les jeunes gens.* Dans la jeunesse tout vous aide, tout s'offre à vous ; les jeunes personnes dominent sans y penser : dans un âge plus avancé, vous n'êtes secourue de rien ; vous n'avez plus en vous ce charme séduisant qui se répand sur tout ; vous n'avez plus

e

Reiz, der sich über alles verbreitet; nur Vernunft und Wahrheit bleiben dir dann noch treu, die aber leider die Welt nicht beherrschen.

57. « Ihr gehet (sagte Montagne zu den jungen Leuten) , dem guten Rufe und dem Ansehen entgegen, ich komme davon zurück ». Erwæge diese Worte, und lass die Erwerbung von Tugend das Hauptgeschæft deiner Jugend seyn.

58. Strebe in allen deinen Unternehmungen und Handlungen nach der grœssten Vollkommenheit. Mache keinen Plan, beginne nichts, ohne zu dir selbst zu sagen : « Kœnnte ich es nicht besser machen »? Erwirb dir nach und nach eine Fertigkeit in der Ausübung der Gerechtigkeit und der Tugend, mache dir die Befriedigung deiner Pflichten immer leichter und leichter. Thue das was Seneka seinem Freunde Lucil rieth : « Wæhle dir unter den grossen Menschen denjenigen aus, der dir der ehrwürdigste scheint, thue alles gleichsam in seiner Gegenwart, lege ihm Rechenschaft ab von allen deinen Handlungen. Es wird dir dieses um so leichter, da junge Leute eine natürliche Anlage zur Nachahmung haben. Man wagt weniger, wenn man seine Muster aus dem Alterthum wæhlt, weil dieses uns gewœhnlich grosse Beyspiele darbietet.

59. In Beziehung auf die grossen Mænner der neuern Zeit finden mehrere Schwierigkeiten statt; sie sind grœsstentheils nur Kopieen, und man weiss dass Kopieen selten gelingen, jede Nachahmung weit hinter ihrem Originale zurückbleibt. Am besten thust du auf jeden Fall, wenn du, ohne dich an ein Muster zu binden, dich selbst fürchtest und Achtung vor dir selbst hast; die Feinheit deines eigenen Gefühls sey deine Richterin.

pour vous que la raison et la vérité, qui ordinairement ne gouvernent pas le monde.

57. *Vous allez*, disait Montagne aux jeunes gens, *vers la réputation, vers le crédit ; et moi j'en reviens.* Quand vous n'êtes plus jeune, il ne vous reste d'acquisition à faire que sur les vertus.

58. Dans toutes vos entreprises et dans toutes vos actions, tendez au plus parfait : ne faites aucun projet, ne commencez rien sans vous dire à vous-même : *Ne pourrais-je pas mieux faire ?* Insensiblement vous acquerrez une habitude de justice et de vertu, qui vous en rendra la pratique plus aisée. Faites ce que Séneque conseillait à son ami Lucile : *Choisissez,* lui disait-il, *parmi les grands hommes celui qui vous paraîtra le plus respectable ; ne faites rien qu'en sa présence ; rendez-lui compte de toutes vos actions.* Heureux celui qui est assez estimé pour être choisi ! Cela est d'autant plus aisé, que les jeunes gens ont une disposition naturelle à l'imitation. On hasarde moins quand on choisit les modeles dans l'antiquité, parce qu'ordinairement on ne vous y présente que de grands exemples.

59. Dans les modernes, cela peut avoir ses inconvéniens ; rarement les copies réussissent : il y a long-tems que l'on a dit que toute copie doit trembler devant son original : cela vous ôte le caractere naturel, qui d'ordinaire est le plus vrai et le plus simple. Vous vous relâchez quand vous vous fixez à un modele : de plus, une partie de nos défauts vient de l'imitation. Apprenez donc à vous craindre et à vous respecter vous même ; que votre délicatesse soit votre propre censeur.

60. Suche dich so glücklich zu machen, als du es, deiner Lage und deinen Verhæltnissen nach, seyn kannst; suche von allem Gewinn für dich zu ziehen, denn tausend Vortheile entgehen uns, blos weil wir nicht den gehœrigen Gebrauch von unsern Umstænden machen. Fasse also deine Lage von allen Seiten, du wirst dadurch an Zufriedenheit und Glückseligkeit gewinnen.

61. Kœnnten wir uns immer unserm Zustande gemæss betragen, wæren wir nicht ehrgeizig, nicht neidisch, so würden wir eines ungestœrten Friedens geniessen. Allein leider genügt uns gewœhnlich das Gegenwærtige nicht, unsere Wünsche und Hoffnungen treiben uns immer in die Zukunft.

62. Wir müssen in der Welt zweyerley Thoren unterscheiden. Die einen leben immer in der Zukunft, und beleben sich nur durch Hoffnungen; da sie nicht weise genug sind, um zwischen Gegenwart und Zukunft einen richtigen Calcul zu halten, so bringen sie ihr Leben in einer bestændigen Verrechnung hin. Vernünftige Personen überlassen sich blos Wünschen, die ihrer Lage angemessen sind. Oft betrügen sie sich nicht; betrügen sie sich, so würden sie sich zu trœsten wissen, sie wissen wohl, dass der Geschmack an einem Gute des Lebens entweder mit dem Besitze, oder mit der entschiedenen Unmœglichkeit es zu erhalten, aufhœrt, und damit beruhigen sie sich. Eine andre Art von Thoren hængt ganz an der Gegenwart, und vergisst der Zukunft, sie zerstœren ihr Glück, opfern ihre Ehre und feinen Geschmack auf, indem sie sich nicht genug schonen. Vernünftige Personen benutzen beyde Zeiten zugleich, sie geniessen der Gegenwart, wæhrend sie die Zukunft immer vor Augen haben.

60. Songez à vous rendre heureuse dans votre état ; mettez tout à profit : mille biens vous échappent faute d'application. Nous ne sommes heureux que par l'attention et que par comparaison. — Plus vous avez d'habileté, plus vous tirez de votre état, et plus vous étendez vos plaisirs. Ce n'est pas la possession qui vous rend heureux, c'est la jouissance ; et la jouissance est dans l'attention.

61. Si l'on savait se renfermer dans son état, on ne serait ni ambitieux, ni envieux ; et tout serait en paix : mais nous ne vivons point assez dans le présent ; nos desirs et nos espérances nous portent sans cesse vers l'avenir.

62. Il y a de deux sortes de fols dans le monde : les uns vivent toujours dans l'avenir, et ne se soutiennent que d'espérances ; et comme ils ne sont pas assez sages pour compter juste avec elles, ils passent leur vie en mécompte. Les personnes raisonnables ne s'occupent que de desirs à leur portée : souvent ils ne sont point trompés ; quand ils le seraient, ils s'en consoleraient : ils ont tiré de l'ignorance et de l'erreur tout le bien qu'ils en pouvaient tirer, qui est le plaisir d'espérer. Ils savent de plus que le goût des biens finit, ou par la possession, ou par l'impossibilité d'obtenir la chose desirée : avec ces réflexions, les personnes sages se calment. Il y a une espece de fols qui tirent trop du présent, et abandonnent l'avenir : ils ruinent leur fortune, leur réputation et leur goût, en ne les ménageant pas assez. Ceux qui sont raisonnables joignent les deux tems : ils jouissent du présent, et n'abandonnent point l'avenir.

63. Es ist Pflicht, meine Tochter, seine Zeit gut anzuwenden. Wie geschieht diess? Wenige wissen die Zeit nach ihrem wahren Werthe zu schætzen. « Lege dir (sagt ein Alter) von allen deinen Stunden Rechenschaft ab, damit du, bey einer guten Benutzung der Gegenwart, der Zukunft weniger bedürfest ». Die Zeit eilt reissend vorüber. Lerne also leben, diess heisst, einen guten Gebrauch von deiner Zeit machen. Aber gewœhnlich verfliesst unser Leben unter eitlen Hoffnungen, unter bestændigem Harren und Ringen nach Glück; wir fühlen immer eine Leere in unserm Zustande, arbeiten ihr mit rastloser Thætigkeit entgegen, und kœnnen sie doch nicht ausfüllen.

64. Denke dass das wahre Leben nicht in der Dauer der Zeit, sondern in der Anordnung besteht, welche wir davon machen sollen. Vergiss nie, dass du einen Geist zu bilden und durch Wahrheit zu nähren, ein Herz zu læutern und zum Guten zu stimmen hast, dass endlich Religion und Gottesdienst deine ganze Ehrfurcht fordern.

65. Vorzüglich sind die Jahre der Jugend kostbar, meine Tochter : benutze sie, wie du nur immer kannst. Jetzt prægt sich jede Kenntniss leicht und tief in deiner Seele ein, bereichere also dein Gedæchtniss mit einem Schatze interessanter Ideen, und gieb diesem Gedæchtniss selbst den grœssten mœglichen Umfang und die grœsste mœgliche Bildung.

66. Deine Wissbegierde lass nie ermatten, aber leite sie und richte sie auf gute Gegenstænde. Sie ist eine natürliche Neigung des Menschen, welche allem Unterrichte vorhergeht, eine Neigung welche uns antreibt, auf dem Pfade der Wahrheit immer weiter und weiter zu gehen, und welche wir eben

63. C'est un devoir, ma fille, que d'employer le tems : quel usage en faisons-nous ! Peu de gens savent l'estimer selon sa juste valeur. *Rendez-vous compte,* dit un ancien, *de toutes vos heures, afin qu'ayant profité du présent, vous ayiez moins besoin de l'avenir.* Le tems fuit avec rapidité. Apprenez à vivre, c'est-à-dire à en faire un bon usage. Mais la vie se consomme en espérances vaines, à courir après la fortune, ou à l'attendre. Tous les hommes sentent le vide de leur état ; toujours occupés sans être remplis.

64. Songez que la vie n'est pas dans l'espace du tems, mais dans l'emploi que vous en devez faire : pensez que vous avez un esprit à cultiver et à nourrir de la vérité, un cœur à épurer et à conduire, et un culte de religion à rendre.

65. Comme les premieres années sont précieuses, songez, ma fille, à en faire un usage utile. Pendant que les caracteres s'impriment aisément, ornez votre mémoire de choses précieuses ; pensez que vous faites la provision de toute votre vie. La mémoire se forme et s'étend en l'exerçant.

66. N'éteignez point en vous le sentiment de curiosité ; il faut seulement le conduire et lui donner un bon objet. La curiosité est une connaissance commencée, qui vous fait aller plus loin et plus vite dans le chemin de la vérité ; c'est un penchant de la nature qui va au-devant de l'instruction : il

desshalb durch Trægheit und Weichligkeit nicht aufhalten dürfen.

67. Es ist nützlich dass junge Frauenzimmer sich mit gründlichen Wissenschaften beschæftigen. Die Geschichte der Rœmer und Griechen erhebt die Seele, und stærkt unsern Muth durch die grossen Handlungen, welche sie darstellt. Von der neuern Geschichte musst du vorzüglich die deines Vaterlandes studieren.

68. Auch eine gewisse Bekanntschaft mit der Philosophie kann dir nicht schaden. Du bekommst dadurch Bestimmtheit, Ordnung und Richtigkeit in deinen Ideen. Besonders empfehle ich, unter allen philosophischen Wissenchaften, deinem Herzen die Moral.

69. Lies die klassischen Schriften der Alten; schon der Geschmack an ihrer musterhaften Darstellung trägt zur Veredlung unsers moralischen Gefühls bey, und man wird selten finden, dass Menschen von verdorbenem Herzen, der Lektüre derselben Geschmack abgewinnen.

70. Was die Sprache anbetrifft, so kann sich freylich ein Frauenzimmer mit der Sprache ihres Vaterlandes begnügen. Allein ich hætte nichts dagegen, wenn ein Frauenzimmer Geschmack an der lateinischen Sprache fænde, sie œffnet gleichsam die Pforten aller Wissenschaften, und bringt uns mit den grœssten Geistern aller Zeitalter in Verbindung.

71. Die Frauenzimmer gewinnen leicht eine Vorliebe für die Italienische, welche ich für gefæhrlich halte, sie ist die Sprache der Liebe. Uebrigens sind auch die Italienischen Schriftsteller

ne faut pas l'arrêter par l'oisiveté et la mollesse.

67. Il est bon que les jeunes personnes s'occupent de sciences solides. L'histoire grecque et romaine éleve l'ame, nourrit le courage par les grandes actions qu'on y voit. Il faut savoir l'histoire de France ; il n'est pas permis d'ignorer l'histoire de son pays.

68. Je ne blâmerais pas même un peu de philosophie, sur-tout de la nouvelle, si on en est capable : elle vous met de la précision dans l'esprit, démele vos idées, et vous apprend à penser juste. Je voudrais aussi de la morale.

69. A force de lire Cicéron, Pline et les autres, on prend du goût pour la vertu ; il se fait une impression insensible qui tourne au profit des mœurs. La pente aux vices se corrige par l'exemple de tant de vertus ; et rarement trouverez-vous un mauvais naturel avoir du goût pour ces sortes de lectures. On n'aime point à voir ce qui nous accuse et ce qui nous condamne toujours.

70. Pour les langues, quoiqu'une femme doive se contenter de parler celle de son pays, je ne m'opposerais pas à l'inclination que l'on pourrait avoir pour le latin ; c'est la langue de l'église : elle vous ouvre la porte à toutes les sciences ; elle vous met en société avec ce qu'il y a de meilleur dans tous les siecles.

71. Les femmes apprennent volontiers l'italien, qui me paraît dangereux : c'est la langue de l'amour. Les auteurs italiens sont peu châtiés ; il regne dans leurs ouvrages un jeu de mots, une imagination

nicht gelæutert genug, es herrscht in ihnen ein regelloses Spiel der Phantasie, welches der Richtigkeit unsers Denkens schadet.

72. Dichter musst du mit Vorsicht lesen. Trauerspiele scheinen mir für die Bildung unsers Herzens noch den wenigst zweydeutigen Einfluss zu haben. Aber das beste Trauerspiel giebt uns oft Lehren der Tugend, und læsst dennoch in unsrer Seele Eindrücke zurück, welche das Laster begünstigen.

73. Gefæhrlicher ist die Lektüre der Romane, ich sehe es nicht gern, wenn ein Frauenzimmer sich viel mit derselben beschæftigt; sie geben gemeiniglich unserm Geiste eine schiefe Richtung. Der Roman ist selten der Natur und der Wahrheit ganz getreu; er entzündet die Einbildunskraft, schwæcht das feine Gefühl der Schamhaftigkeit, missleitet unser Herz, lockt unsre Leidenschaft zu frühzeitig hervor, und flœsst uns ein wildes Feuer ein.

74. Wir müssen überhaupt jene susse Illusion, welche die Liebe von Natur mit sich führt, nicht noch erhœhen. Je verfeinerter die Liebe ist, um so gefæhrlicher ist sie auch.

75. Indessen will ich die Romane nicht ganz verbieten. Alle Verbote dieser Art sind Verletzungen der Freyheit, und reizen das Verlangen um so mehr. Nur mache man nie aus dieser Lektüre die Hauptsache, sondern unterhalte sich vorzüglich mit grundlichen Schriften, welche dem Herzen Kraft, und dem Geiste Schmuck ertheilen.

76. Mæssige deinen Geschmack für überfliegende Wissenschaften; sie sind gefæhrlich, flœssen uns gewœhnlich nur Stolz ein, und bringen die Federn unserer Seele in Unordnung.

77. Hast du aber eine grosse, lebendige und

sans regle, qui s'opposent à la justesse de l'esprit.

72. La poésie peut avoir des inconvéniens. J'aurais pourtant peine à interdire la lecture des belles tragédies de Corneille : mais souvent les meilleures vous donnent des leçons de vertu, et vous laissent l'impression du vice.

73. La lecture des romans est plus dangereuse ; je ne voudrais pas que l'on en fît un grand usage : ils mettent du faux dans l'esprit. Le roman n'étant jamais pris sur le vrai, allume l'imagination, affaiblit la pudeur, met le désordre dans le cœur, et, pour peu qu'une jeune personne ait de la disposition à la tendresse, hâte et précipite son penchant.

74. Il ne faut point augmenter le charme ni l'illusion de l'amour : plus il est adouci, plus il est modeste, et plus il est dangereux.

75. Je ne voudrais point les défendre ; toutes défenses blessent la liberté, et augmentent le desir. Mais il faut, autant qu'on peut, s'accoutumer à des lectures solides, qui ornent l'esprit et fortifient le cœur : on ne peut trop éviter celles qui laissent des impressions difficiles à effacer.

76. Modérez votre goût pour les sciences extraordinaires ; elles sont dangereuses, et elles ne donnent ordinairement que beaucoup d'orgueil ; elles démontent les ressorts de l'ame.

77. Si vous avez une imagination vaste, vive et

rege Einbildungskraft, verbunden mit einer Wisbe-
gierde, so widme diese Anlagen lieber nützlichen
Wissenschaften, als dass du sie eine Richtung
nehmen liessest, durch welche die Leidenschaften
begünstigt würden. Bedenke aber dabey, dass
Mædchen, in Beziehung auf jene Wissenschaften,
beynahe eine eben so feine Schamhaftigkeit haben
müssen, als in Beziehung auf Thorheiten.

78. Sey also auf deiner Hut gegen das Verführerische des Geschmacks für Schœngeisterey. Eben
so wenig verschwende deine Kræfte an unnütze
Wissenschaften, oder solche, die über deine
Fassungskraft gehen. Diejenigen Kenntnisse, welche
wesentliches Bedürfniss für uns sind, liegen uns
nahe genug. Allein leider begnügen wir uns
immer nicht mit diesen, und streben nach Wahr-
heiten, welche nicht für uns gemacht sind.

79. Bevor wir uns in Erforschungen einlassen,
welche über unsern Horizont hinausgehen, sollten
wir untersuchen, welchen Umfang überhaupt unsre
Kenntnisse haben kœnnen, und nach welchen
Grundsætzen wir unsre Ueberzeugung bestimmen
müssen. Wir sollten Wissenschaft und Meynung
unterscheiden lernen, sollten die Kraft besitzen,
an allem zu zweifeln, was wir nicht mit Klarheit
einsehen, und den Muth, das nicht wissen zu
wollen, was unsre Fassungskraft übersteigt.

80. Um der Kühnheit unsers Geistes und seinem
zu grossen Selbstvertrauen Einhalt zu thun,
müssen wir nur bedenken, dass die beyden Quellen
aller unsrer Erkenntniss, die Vernunft und die
Sinnlichkeit, uns in Tæuschung verwickeln kœnnen.
Die Sinne überlisten nicht selten die Vernunft;
und die Vernunft betrügt gegenseitig die Sinne;
kein Wunder, dass wir so oft durch sie in Ver-

agissante, et une curiosité que rien ne puisse arrêter, il vaut mieux occuper ces dispositions aux sciences, que de hasarder qu'elles se tournent au profit des passions : mais songez que les filles doivent avoir sur les sciences une pudeur presqu'aussi tendre que sur les vices.

78. Soyez donc en garde contre le goût du bel esprit, ne vous amusez point à courir après des sciences vaines, et après celles qui sont au-dessus de votre portée. Notre ame a bien plus de quoi jouir, qu'elle n'a de quoi connaître : nous avons les lumieres propres et nécessaires à notre bien-être ; mais nous ne voulons pas nous en tenir là : nous courons après des vérités qui ne sont pas faites pour nous.

79. Avant que de nous engager à des recherches qui sont au-dessus de nos connaissances, il faudrait savoir quelle étendue peuvent avoir nos lumieres ; quelle regle il faut avoir pour déterminer notre persuasion : apprendre à séparer l'opinion de la connaissance, et avoir la force de douter quand nous ne voyons rien clairement, et le courage d'ignorer ce qui nous passe.

80. Pour arrêter la hardiesse de l'esprit, et pour diminuer la confiance, songeons que les deux principes de toutes nos connaissances, la raison et les sens, manquent de sincérité, et nous abusent. Les sens surprennent la raison, et la raison les trompe à son tour : voilà nos deux guides, qui tous deux nous égarent. Ces réflexions dégoûtent des sciences

wirrung gesetzt werden. Diess nur haben wir zu bedenken, um dem Geschmach an tiefsinnigen Wissenschaften aufzugeben, und unsre Zeit solchen Kenntnissen zu widmen, die uns nützlich seyn koennen.

81. Ein junges Frauenzimmer muss viel Gelehrigkeit besitzen, und von aller Anmassung frey seyn. Nur muss es seine Gelehrigkeit nicht zu weit treiben, damit es nicht, an eine sklavische Nachfolge gewoehnt, des Gebrauchs seiner eignen Selbstdenkenden Vernunft unfæhig werde.

82. Uebe, meine Tochter, diese selbstdenkende Vernunft, rechne mehr auf sie, als auf dein Gedæchtniss. Gevoehnlich füllen wir unsern Kopf mit fremdem Ideen an, und ziehen von unserer eigenen Denkkraft keinen Gewinn. Wir glauben grosse Fortschritte gemacht zu haben, wenn wir das Gedæchtniss mit Geschichte überladen, wodurch doch eigentlich der Geist keine wahre Vervollkommung erhælt. Das selbstdenkende Vermœgen ist ein Talent, welches wir gewoehnlich schlafen lassen, da doch der Gesichtskreis für unsern Geist sich allein dadurch erweitert.

abstraites : employons donc le tems en connaissances utiles.

81. Il faut qu'une jeune personne ait de la docilité, peu de confiance en soi-même : mais aussi ne faut-il pas pousser cette docilité trop loin. En fait de religion, il faut céder aux autorités : mais sur tout autre sujet, il ne faut recevoir que celle de la raison et de l'évidence. En donnant trop d'étendue à la docilité, vous prenez sur les droits de la raison, vous ne faites plus d'usage de vos propres lumieres qui s'affaiblissent. C'est donner des bornes trop étroites à vos idées, que de les renfermer dans celles d'autrui. Le témoignage des hommes ne peut avoir créance, qu'à proportion du degré de certitude qu'ils se sont acquis en s'instruisant des faits. Il n'y a point de prescription contre la vérité : elle est pour toutes les personnes, et de tous les tems. Enfin, comme dit un grand homme · *pour être chrétien, il faut croire aveuglement ; et pour être sage, il faut voir évidemment.*

82. Accoutumez-vous à exercer votre esprit, et à en faire usage plus que de votre mémoire. Nous nous remplissons la tête d'idées étrangeres, et nous ne tirons rien de notre propre fond. Nous croyons avoir beaucoup avancé, quand nous nous chargeons la mémoire d'histoires et de faits : cela ne contribue guères à la perfection de l'esprit. Il faut s'accoutumer à penser; l'esprit s'étend et augmente par l'exercice; peu de personnes en font usage : c'est chez nous un talent qui se repose, que de savoir penser.

83. Keine Thatsachen der Geschichte, keine Meynungen der Philosophen kœnnen dir Trost im Unglücke geben, du wirst dadurch um nichts stærker. Nimm deine Zuflucht zu Seneka und Epiktet, kann ihre Vernunft dich trœsten? Oder bleibt es nicht vielmehr der deinigen allein überlassen? Rechne nur auf deine eigne Habe, und sammle dir in der Zeit der Ruhe für die Zeit der Anfechtung, die dich erwartet. Keine fremde Vernunft kann dich so gut stürzen, als die deinige.

84. Wenn du es vermagst, deine Einbildungskraft unter der Herrschaft der Wahrheit und Vernunft gesetzmæssig zu leiten, so hast du damit für deine Vollkommenheit und Gluckseligkeit viel gewonnen. Die Frauen hængen gewœhnlich ganz von ihrer Einbildungskraft ab. Sind sie nicht in ihrer Jugend für solide Beschæftigungen gestimmt worden, und haben sie nicht mühsam für die Bedürfnisse des Lebens zu sorgen, so widmen sie sich ganz dem Vergnügen.

85. Schauspiele, Romane, Putz, alles diess steht unter der Herrschaft der Phantasie. Du verlierst, ich weiss es, durch Einschrænkung deiner Einbildungskraft an Vergnügen, denn auf ihren Tæuschungen beruht das Reitzende von tausend Gegenstænden. Allein welche Leiden kann sie dir nicht durch ihre angenehmen Illusionen zuziehen? Immer wird sie zwischen dich und die Wahrheit treten; die Vernunft zieht sich zurück, wenn die Einbildungskraft herrscht; hat sie die Oberhand, dann müssen wir alles ansehen, wie es ihr gefællt; diejenigen, welche sich von ihr regieren lassen, wissen am besten, welche Leiden daraus entspringen. Der glücklichste Vertrag, den man mit ihr schliessen kœnnte, wære der, dass man ihr ihre Freuden

83. Les faits historiques, ni les opinions des philosophes, ne vous défendront pas contre un malheur pressant : vous ne vous en trouverez pas plus forte. Vous arrive-t-il une affliction ; vous avez recours à Séneque et à Épictete. Est-ce à leur raison à vous consoler ? N'est-ce pas à la vôtre à faire sa charge ? Servez-vous de votre propre bien : faites des provisions dans le tems calme, pour le tems de l'affliction qui vous attend. Vous serez bien plus soutenue par votre propre raison que par celle des autres.

84. Si vous pouvez régler votre imagination, et la rendre soumise à la vérité et à la raison, ce sera une grande avance pour votre perfection et pour votre bonheur. Les femmes sont ordinairement gouvernées par leur imagination : comme on ne les occupe à rien de solide, et qu'elles ne sont dans la suite de leur vie chargées ni du soin de leur fortune, ni de la conduite de leurs affaires, elles ne sont livrées qu'à leurs plaisirs.

85. Spectacles, habits, romans et sentimens, tout cela est de l'empire de l'imagination. Je sais qu'en la réglant, vous prenez sur les plaisirs : c'est elle qui en est la source, et qui met dans les choses qui plaisent le charme et l'illusion qui en font tout l'agrément ; mais pour un plaisir de sa façon, quels maux ne vous fait-elle point ? Elle est toujours entre la vérité et vous : la raison n'ose se montrer où regne l'imagination. Nous ne voyons que comme il lui plaît : les gens qu'elle gouverne savent ce qu'elle fait souffrir. Ce serait un heureux traité à faire avec elle, que de lui rendre ses plaisirs, à condition qu'elle ne vous ferait point sentir ses peines : enfin, rien n'est plus opposé au bonheur

schenkte, unter der Bedingung, dass sie uns auch mit ihren Leiden verschonte. Denn gewiss giebt es kein grœsseres Hinderniss der Glückseligkeit, als eine zu zarte, zu lebendige und zu glühende Einbildungskraft.

86. Erwirb dir vor allen Dingen richtige Begriffe, urtheile nicht, wie der Pœbel der Menschen, lass dich für keine Meynung einnehmen, und erhebe dich über die Vorurtheile, welche sich in unsern Kinderjahren gewœhnlich in unserer Seele fest-setzen.

87. Wenn dich ein Leiden trifft, so halte dich an folgende Methode, bey der ich mich jederzeit wohl befunden habe. Prüfe den Gegenstand, welcher dir Missvergnügen erregt, entferne von ihm allen falschen Schein und jeden Zusatz der Phantasie, du wirst finden, dass uns oft ein Nichts Qualen verursacht.

88. Schœtze die Dinge nur nach ihrem wahren Werthe. Wir haben uns mehr über unsere irrigen Meynungen, als über das Glück zu beklagen, oft liegt der Grund unsers Missvergnügens über einen Gegenstand nur in der falschen Vorstellung, die wir von ihm hegen.

89. Um glücklich zu seyn, muss man über alles gesund urtheilen. Die allgemein angenommenen Religionsmeynungen muss man achten, muss sich aber in seinen Grundsœtzen über Moralitœt und Glückseligkeit über den Pœbel erheben; Pœbel nenne ich alle Menschen, welche niedrig und unedel denken, der Hof wimmelt von Pœbel in diesem Sinne.

90. Die Welt spricht nur von Glückmachen und Ansehen, da heisst es immer nur: *Verfolgt euern Weg, je früher am Ziele, desto besser;* die

qu'une imagination délicate, vive et trop allumée.

86. Donnez-vous une véritable idée des choses; ne jugez point comme le peuple; ne cédez point à l'opinion : relevez-vous des préjugés de l'enfance.

87. Quand il vous arrive quelque chagrin, suivez la méthode suivante ; je m'en suis bien trouvée. Examinez ce qui fait votre peine, écartez tout le faux qui l'entoure, et tous les ajoutés de l'imagination ; et vous verrez que souvent ce n'est rien, et qu'il y a bien à rabattre.

88. N'estimez les choses que ce qu'elles valent. Nous avons bien plus à nous plaindre des fausses opinions que de la fortune : ce ne sont pas souvent les choses qui nous blessent ; c'est l'opinion que nous en avons.

89. Il faut, pour être heureuse, penser sainement. On doit un grand respect aux opinions communes, quand elles regardent la religion : mais on doit penser bien différemment du peuple sur ce qui s'appelle morale et bonheur de la vie. J'appelle peuple, tout ce qui pense bassement et communément : la cour en est remplie.

90. Le monde ne parle que de fortune et de crédit : on n'entend que, *suivez votre route, hâtez-vous d'avancer* ; et la sagesse dit : *rabattez-vous aux*

Weisheit hingegen sagt : *Seyd einfach, wählt auch ein stilles ruhiges Leben, entzieht euch dem Geräusch der Welt, flieht die grosse Menge.* Der Lohn der Tugend besteht nicht in dem Rufe, den wir uns dadurch erwerben, sondern in dem Zeugnisse unseres eigenen Gewissens.

91. Ueberzeuge dich, dass es die græsste aller Wissenschaften ist : *einheimisch bey sich selbst zu seyn.* « Ich habe, *sagt ein Alter,* gelernt, mit mir selbst Freundschaft zu unterhalten, und so werde ich nie allein seyn ». Sichre dir also, meine Tochter, eine Freystatt gegen alle Schicksale des Lebens in dir selbst, zu dir kannst du immer zurückkehren, dich immer finden.

92. Benutze die Einsamkeit; sie ist am fæhigsten die lebhaften Eindrücke zu schwæchen, welche sinnliche Gegenstænde auf uns machen. Ziehe dich von Zeit zu Zeit von der Welt zurück, sey allein, lies einige Stunden, und denke über das nach, was du liesest. In der Stille der Einsamkeit giebt die Weisheit ihre Lehrstunden, da verschwinden die Vorurtheile, da verliert der Wahn, der alles beherrscht, seine Rechte.

93. Ich habe dir es schon gesagt, meine Tochter, die wahre Glückseligkeit besteht im Frieden der

choses simples ; choisissez-vous une vie obscure, mais tranquille : dérobez-vous au tumulte, fuyez la foule. La récompense de la vertu n'est pas toute dans la renommée ; elle est dans le témoignage de votre propre conscience. Une grande vertu ne peut-elle pas vous consoler de la perte d'un peu de gloire ?

91. Apprenez que la plus grande science est de savoir être en soi. *J'ai appris,* disait un ancien, *à être mon ami ; ainsi je ne serai jamais seul.* Il faut vous ménager des ressources contre les chagrins de la vie, et des équivalens aux biens sur lesquels vous aviez compté. Assurez-vous une retraite, un asyle en vous-même ; vous pourrez toujours revenir à vous, et vous trouver. Le monde vous étant moins nécessaire, aura moins de prise sur vous. Quand vous ne tenez pas à vous par des goûts solides, vous tenez à tout.

92. Faites usage de la solitude : rien n'est plus utile, ni plus nécessaire pour affaiblir l'impression que font sur nous les objets sensibles. Il faut donc de tems en tems se retirer du monde, se mettre à part. Ayez quelques heures dans la journée pour lire et pour faire usage de vos réflexions. *La réflexion,* dit un pere de l'église, *est l'œil de l'ame ; c'est par elle que s'introduisent la lumiere et la vérité. Je le menerai dans la solitude,* dit la sagesse, *et là je parlerai à son cœur.* C'est là où la vérité donne ses leçons, où les préjugés s'évanouissent, où la prévention s'affaiblit, et où l'opinion, qui gouverne tout, commence à perdre ses droits. Quand on jette la vue sur l'inutilité, sur le vide de la vie, on est forcé de dire avec Pline : *Il vaut mieux passer sa vie à ne rien faire, qu'à faire des riens.*

93. Je vous l'ai déjà dit, ma fille, le bonheur est dans la paix de l'ame. Vous ne pourrez jouir

Seele. Die Vergnügungen des Geistes kannst du nicht geniessen, ohne Gesundheit des Geistes; ein gesunder Geist findet überall Quellen des Vergnügens.

94. Um mit Ruhe zu leben, musst du folgenden Regeln getreu bleiben: musst dich den Gegenstænden des Genusses nur leihen, nicht Preiss geben, nicht zu viel von den Menschen erwarten, aus Furcht, dich zu verrechnen, endlich dein erster Freund du selbst seyn. Die Einsamkeit, eine Freundin der Weisheit, sichert unsere Ruhe auch, in ihrem Schoosse fühlen wir es, dass Friede und Wahrheit für uns nur in uns selbst wohnen.

95. Fliehe die grosse Welt, in ihrer Mitte wachen immer Gefühle wieder auf, die man mit Mühe entkræftet hat; da findet man Menschen, welche die Unordnung begünstigen; je græsser unser Cirkel in der grossen Welt ist, um so mehr bekommen die Leidenschaften die Oberhand. Es ist schwer dem Laster zu widerstehen, wenn es in Begleitung einer grossen Gesellschaft erscheint; zum wenigsten kommt man immer aus den menschlichen Gesellchaften schæwcher, weniger bescheiden, und weniger gerecht zurück. Besonders theilt die Welt zarten, fühlenden Seelen ihren Gift am leichtesten mit.

96 Man muss nie trostlos seyn, wenn es auch noch so schlimm gienge. Berechne also deine Kræfte und deinen Muth, und stelle dir in Hinsicht der Dinge, welche du fürchtest, alles auf das schlimmste vor. Erwarte mit Gesetztheit

des plaisirs de l'esprit sans la santé de l'esprit : tout est presque plaisir pour un esprit sain.

94. Pour vivre avec tranquillité, voici les regles qu'il faut suivre. La premiere, de ne se pas livrer aux choses qui plaisent, de ne faire que s'y prêter, de n'attendre pas trop des hommes, de peur de décompter ; d'être son premier ami à soi-même. La solitude aussi assure la tranquillité, et est amie de la sagesse : c'est au-dedans de nous qu'habitent la paix et la vérité.

95. Fuyez le grand monde ; il n'y a point de sûreté ; il y a toujours quelque sentiment qu'on avait affaibli, qui se réveille : on ne trouve que trop de gens qui favorisent le déréglement : plus il y a de monde, et plus les passions acquierent d'autorité. Il est difficile de résister à l'effort du vice, qui vient si bien accompagné : enfin on en revient plus faible, moins modeste, plus injuste, pour avoir été parmi les hommes. Le monde communique son venin aux ames tendres. Il faut de plus fermer toutes les avenues aux passions ; il est plus aisé de les prévenir que de les vaincre ; et quand on serait assez heureux pour les bannir, dès qu'elles se sont fait sentir, elles font bien payer leur séjour. On ne peut refuser à la nature les premiers mouvemens ; mais souvent elle étend ses droits bien loin ; et quand vous revenez à vous, vous trouvez bien des sujets de repentir.

96. Il faut avoir des ressources et des pis-aller. Mesurez vos forces et votre courage ; et pour cela, dans les choses que vous craignez, mettez tout au pis. Attendez avec fermeté le malheur qui peut vous arriver : envisagez-le à face découverte ; voyez

das Unglück, welches dich treffen kann; siehe es mit geradem Blicke an, denke es dir mit den schrecklichsten Nebenumstænden, und lass deinen Muth nicht sinken.

97. Ein Günstling, auf der obersten Stufe des Glücks an einem Hofe, zeigte seine Reichthümer einem seiner Freunde, und unter andern ein Kæstchen, mit der Inschrift : *Hierin ist mein Schatz.* Der Freund hœchst begierig den Schatz zu sehen, drang in ihn das Kæstchen zu œffnen, es geschah, und siehe da : es enthielt nichts, als ein altes zerrissenes Kleid. Als der Freund darüber erstaunte, sagte der Güntsling : *So gieng ich einst, und, wenn das Schicksal mich in diese Situation zurückführen will, bin ich darauf gefasst.* Welche ein schœner Kunstgriff gegen den Wechsel des Schicksals, das grœsste Unglück, das uns begegnen kann, ins Auge zu fassen, und nicht zu zittern.

98. Wenn du ein starkes Verlangen nach einer Sache trægst, so prüfe sie zuvor, prüfe sie mit allen Vortheilen, die sie verspricht, und allen Leiden die auf sie folgen. Begier und Furcht stehn in geradem Verhæltnisse; je weniger du begehrst, um so weniger hast du zu fürchten. Bedenke, dass der Weise das Glück nicht ausser sich sucht, sondern es sich in sich selbst schaft. Thue du auch diess. Du gewinnst mehr, wenn du deine Begierden auf die Linie deines Glücks zurücksetzest, als wenn du das Glück zu der Linie deiner Begierden zu erheben gedæchtest. Wer die meisten Begierden hat, ist der ærmste Mensch.

le dans toutes les circonstances les plus terribles , et ne vous en laissez pas accabler.

97. Un favori , parvenu au comble de la fortune , faisait voir ses richesses à son ami : en lui montrant une cassette , il lui disait : *C'est là qu'est mon trésor.* Son ami le pressa de le lui faire voir ; il lui permit d'ouvrir sa cassette : elle ne renfermait qu'un vieil habit tout déchiré. L'ami en paraissant surpris , le favori lui dit : *Quand la fortune me renverra à mon premier état , je suis tout prêt.* Quelle ressource de mettre tout au pis , et de se sentir de la force pour s'y soutenir !

98. Quand vous desirez quelque chose fortement , commencez par examiner la chose desirée ; voyez les biens qu'elle vous promet , et les maux qui la suivent : souvenez-vous du passage d'Horace : *La volupté marche devant , et vous cache sa suite.* Vous cesserez de craindre , dès que vous cesserez de desirer. Croyez que le sage ne court pas après la félicité , mais qu'il se la donne. Il faut que ce soit votre ouvrage : elle est entre vos mains. Songez qu'il faut peu de chose pour les besoins de la vie ; mais qu'il en faut infiniment pour satisfaire aux besoins de l'opinion : que vous aurez bien plutôt fait de mettre vos desirs au niveau de votre fortune , que votre fortune au niveau de vos desirs. Si les honneurs et les richesses pouvaient rassasier , il faudrait en ramasser ; mais la soif augmente en les acquérant. Celui qui desire le plus , est le plus pauvre.

h

99. Junge Frauenzimmer beschæftigen sich gern mit Hoffnungen. Allerdings ist auch die Hoffnung ein trostvolles Gefühl, aber es kann gefæhrlich werden, weil es uns zu vielen Verrechnungen verführt. Das geringste Uebel, welches daraus entspringt, ist, dass wir wegen ungewisser Hoffnungen nicht selten aufopfern, was wir wirklich besitzen.

100. Unsre Eigenliebe entfernt uns von uns selbst, und stellt uns unsre Fehler verkleinert dar. Betrachte, meine Tochter, deine eignen Unvollkommenheiten mit denselben Augen, wie jene deiner Mitmenschen. Prüfe deinen Charakter, und suche selbst von deinen Schwæchen, so lange du sie noch nicht überwunden hast, Vortheil zu ziehen. Ich weiss, jede derselben steht mit irgend einer Tugend in Verwandschaft. Bist du ehrgeizig, nun so bediene dich dieses Gefühls, um dich über jene Schwachheiten deines Geschlechts zu erheben, welche dasselbe wirklich erniedrigen. Diess wird dir um so leichter mœglich seyn, da jede sittliche Verirrung unsers Herzens eine Beschæmung mit sich führt. Bist du schüchtern, so verwende diese schuldlose Schwæche zur Erhœhung deiner Klugheit. Bist du verschwenderisch freygebig, so wird es dir nicht schwer seyn, diese Eigenschaft in einen weisen Edelmuth zu verwandeln.

99. Les jeunes personnes s'occupent de l'espérance. M. de la Rochefoucault dit, *qu'elle vous conduit jusqu'à la fin de la vie par un chemin agréable.* Elle serait bien courte, si l'espérance ne lui donnait de l'étendue. C'est un sentiment consolant, mais qui peut être dangereux, puisqu'il vous prépare souvent bien des mécomptes. Le moindre mal qui en arrive, c'est de laisser échapper ce qu'on possede, en attendant ce qu'on desire.

100. Notre amour-propre nous dérobe à nous-mêmes, et nous diminue tous nos défauts. Nous vivons avec eux comme avec les odeurs que nous portons ; nous ne les sentons plus : elles n'incommodent que les autres : pour les voir dans leur vrai point de vue, il faut les voir dans autrui. Voyez vos imperfections avec les mêmes yeux que vous voyez celles des autres ; ne vous relâchez point sur cette regle : elle vous accoutumera à l'équité. Examinez votre caractere, et mettez à profit vos défauts ; il n'y en a point qui ne tienne à quelques vertus, et qui ne les favorise. La morale n'a pas pour objet de détruire la nature, mais de la perfectionner. Etes-vous glorieuse ? Servez-vous de ce sentiment-là pour vous élever au-dessus des faiblesses de votre sexe, pour éviter les défauts qui humilient. Il y a à chaque déréglement du cœur une peine et une honte attachées, qui vous sollicitent à le quitter. Etes-vous timide ? Tournez cette faiblesse en prudence : qu'elle vous empêche de vous commettre. Etes-vous dissipatrice ? Aimez-vous à donner ? Il est aisé de la prodigalité d'en faire de la générosité. Donnez avec choix et à propos ; ne négligez pas les indigens ; prenez soin des pauvres ; prêtez dans le besoin ; mais donnez à ceux qui ne peuvent rendre ; par-là vous cédez à votre sentiment, et vous faites

101. Wenn es scheint, als ob man dich verkenne, und deinem Charakter Unrecht thue, so entrüste dich nicht; glaube nicht, dass die Meynung, welche du von dir hegst, die Urtheile derer widerlege, von welchen du glaubst, das sie dich verkennen, bedenke vielmehr, dass andere fæhiger sind, dich unpartheyisch zu betrachten, als du selbst, dass die Eigenliebe, die dich vielleicht tæuscht, eine Schmeichlerin ist, und dass deine vermeinten Feinde in Rücksicht deiner wahrer sehen, als du selbst. Wir sind uns selbst zu nah, um uns ohne Selbstbetrug zu beurtheilen.

102. Diess, meine Tochter, waren allgemeine Warnungsregeln gegen die Fehler des Geistes. Allein vorzüglich muss deine Aufmerksamkeit der Vervollkommung deines Herzens und deiner Gefühle gewidmet seyn.

103. Nur durch dein Herz kannst du eine sichere und dauerhafte Tugend gewinnen, im Herzen liegt unser Charakter. Es kommt nur darauf an, diesem Herzen die richtige Stimmung zu geben.

104. Fühlst du dich von einer lebhaften und starken Leidenschaft angegriffen, so verfahre nicht stürmisch um sie zu unterdrücken, suche vielmehr allmæhlig einen Vergleich mit deiner Schwæche zu stiften. Wolltest du deine Vernunft despotisch verfahren lassen, so dürfte sich deine Leidenschaft leicht empœren, und die grœsste Stærke gewinnen. Suche ihr also nach und nach durch Gründe der Weisheit und Tugend entgegen zu arbeiten.

de bonnes actions. Il n'y a pas une faiblesse dont, si vous voulez, la vertu ne puisse faire quelque usage.

101. Dans les afflictions qui vous arrivent, et qui vous font sentir votre peu de mérite, loin de vous irriter et d'opposer l'opinion que vous avez de vous-même à l'injustice que vous prétendez qu'on vous fait, songez que les personnes qui vous la font sont plus en état de juger de vous que vous-même; que vous devez plutôt les croire que l'amour-propre, qui est un flatteur, et que, sur ce qui vous regarde, votre ennemi est plus près que vous de la vérité; que vous ne devez avoir de mérite à vos yeux, que celui que vous avez aux yeux des autres. L'on a trop de penchant à se flatter, et les hommes sont trop près d'eux-mêmes pour se juger.

102. Voilà des préceptes généraux pour combattre les vices de l'esprit : mais votre première attention doit être à perfectionner votre cœur et ses sentimens.

103. Vous n'avez de vertu sûre et durable que par le cœur; c'est lui proprement qui vous caractérise. Pour vous en rendre maîtresse, gardez cette méthode :

104. Quand vous vous sentez agitée d'une passion vive et forte, demandez quelque tems à votre sentiment, et composez avec votre faiblesse. Si vous voulez, sans l'écouter un moment, tout sacrifier à votre raison, à vos devoirs; il est à craindre que la passion ne se révolte, et ne devienne la plus forte. Vous êtes sous sa loi : il faut la ménager avec adresse: vous tirerez plus de secours que vous ne pensez d'une pareille conduite : vous trouverez des remedes sûrs, même dans votre passion. Si c'est de la haine,

105. Ueberrascht dich die Liebe, und droht sie, sich deiner ganzen Seele zu bemæchtigen, so bedenke, dass ihre Freuden flüchtig sind, und dass sie nur zu bald entschlüpfen. — Anfangs wird sie dir nichts als Blumen darbieten, wæhrend sie dir zugleich ihre Gefahren verbergen wird. Sie betrügt dich; immer erscheint sie unter einer Gestalt, die nicht die ihrige ist; einverstanden mit ihr, verbirgt dein Herz dir sein geheimes Interesse, aus Furcht, es mœchten, wenn es laut spræche, Vernunft und Schamhaftigkeit erwachen, und du erkennst die Lieb in dir an, wenn du schon ihre Sklavin bist. Fliehe also so bald sie sich regt; lass dein Herz jammern; man reisst die Liebe nicht mit schwachen Waffen aus der Seele, sie ist zu innig verbunden mit dem Herzen; hat sie dich einmal eingenommen, so ist alles für sie gegen dich, und dir leistet nichts Hülfe gegen die Liebe. Alle deine Kraft musst du aufbieten, um dich von ihrer Herrschaft zu befreyen.

vous connaîtrez que vous n'avez pas tant de raison de haïr, ni de vous venger. Si par malheur c'était le sentiment contraire dont vous fussiez occupée, il n'y a point de passion qui vous fournisse des secours plus sûrs contre elle-même.

105. Si votre cœur a le malheur d'être attaqué par l'amour, voici les remedes pour en arrêter les progrès. Pensez que ses plaisirs ne sont ni solides, ni fideles : ils vous quittent ; et quand ils ne vous feraient que ce mal, c'en est assez. Dans les passions, l'ame se propose un objet : elle est plus intimement liée à lui par le desir ou par la jouissance, qu'elle ne l'est à son être : elle attache à sa possession tous ses biens ; à sa perte tous ses maux. Cependant ce bien de l'opinion, ce bien du choix de l'ame, n'est ni solide ni durable : il dépend des autres, il dépend de vous ; et vous ne pouvez répondre ni des autres ni de vous. — L'amour, dans les commencemens, ne vous présente que des fleurs, et vous cache le danger. Il vous trompe ; il prend toujours quelque forme qui n'est pas la sienne : le cœur, d'intelligence avec lui, sait vous cacher son penchant, de peur d'alarmer la raison et la pudeur. C'est un simple amusement ; c'est l'esprit qui nous touche ; enfin, jusqu'à ce que l'amour se soit rendu le maître, il est presque toujours ignoré. Dès qu'il s'est fait sentir, fuyez, n'écoutez point les plaintes de votre cœur : l'amour ne s'arrache point de l'ame avec des efforts ordinaires ; il a trop d'intelligence avec notre cœur : dès qu'il vous a surpris, tout est pour lui contre vous, et rien ne peut vous servir contre l'amour. C'est la plus cruelle situation où une personne raisonnable puisse se trouver ; où rien ne vous soutient, où vous n'avez de spectateur que vous-même, il faut sans cesse ranimer son courage.

— Unterstütze dich dabey durch die Hinsicht auf die zerstœhrenden Folgen der Leidenschaften, wovon die Beyspiele unzæhlig sind. Besonders die Obergewalt der Liebe stürzt uns oft in nahmenlose Leiden, durch sie wird die Vernunft in ihrer Regierung unsers ganzen Wesens unterbrochen; an die Stelle schuldloser Ruhe treten Quaalen, die Blüte der Unschuld wird gebrochen, unsre Tugend wankend gemacht, und Schaam wird statt der Ehre unsre Begleiterin. Fliehe also leidenschaftliche Schauspiele und ihre hinreissenden dramatischen Darstellungen, gieb dich weder der Dichtkunst noch der Musik ganz hin, welche zum Gefolge der Wollust gehœren. Stærke deine Vernunft durch ernstes Lesen von Schriften der Weisen. Lass dich nie von deiner Einbildunskraft zur Begünstigung der Liebe bestechen, sie mœchte dir ihre Reize verschœnert und betrügerich darstellen.

Songez qu'il vous en faudrait faire un bien plus triste usage, si vous vous relâchiez. — Faites réflexion aux funestes suites des passions ; vous ne trouverez que trop d'exemples pour vous instruire : mais souvent nous en sommes désabusées sans en être guéries. Supputez, s'il est possible, les maux que l'amour fait faire : il surprend la raison, il jette le trouble dans l'ame et dans les sens ; il enleve la fleur de l'innocence, il étonne la vertu, il ternit la réputation ; la honte étant presque toujours à la suite de l'amour. Rien ne vous avilit tant, et ne vous met tant au-dessous de vous-même, que les passions : elles vous dégradent. Il n'y a que la raison qui vous conserve votre place. Il est bien plus fâcheux d'avoir besoin de son courage pour soutenir un malheur, que pour l'éviter : le plaisir de faire son devoir vous console ; mais ne vous applaudissez jamais, de peur d'être humiliée. Songez que vous portez votre ennemi avec vous : prenez une conduite qui vous réponde de vous à vous-même : fuyez les spectacles, les représentations passionnées : il ne faut point voir ce qu'on ne veut point sentir. La musique, la poésie, tout cela est du train de la volupté. Faites des lectures solides qui fortifient la raison. — Ne soyez point en commerce avec votre imagination : elle vous peindra l'amour avec tous ses charmes. Tout est séduction, illusion, quand il passe par elle : il y a bien à perdre quand vous la quittez pour venir à la réalité. Saint-Augustin nous a peint son état, quand il a voulu quitter l'amour et les plaisirs : il dit que ce qu'il aimait se présentait à lui sous une figure charmante : il fait une peinture si vive de ce qui se passait dans son cœur, qu'on ne saurait la lire sans danger. Il faut passer légérement sur les tableaux de la volupté : elle est à

craindre dans les tems où l'on conspire contre elle ? quand on la pleure même, il faut s'en défier. La passion s'augmente par les retours qu'on fait sur soi : l'oubli est la seule sûreté qu'on puisse prendre contre l'amour. Il faut compter sérieusement avec vous-même, et vous dire : *que veux-je faire du sentiment qui m'occupe ? Tels et tels malheurs ne m'attendent-ils pas, si j'ai la faiblesse d'y céder?* — Tirez des forces et du secours de votre ennemi, de son propre caractere : quand vous voudrez ne le point flatter, il vous en fournira. Ecartez tous les agrémens que vous lui donnez; ne lui prêtez rien, et ne lui faites grace sur rien ; et vous verrez qu'il lui en reste peu. Après cela, n'y pensez plus ; prenez une résolution ferme de le fuir : croyez que nous sommes aussi forts que nous voulons l'être. La dissipation, les amusemens simples sont nécessaires; mais il faut éviter tous les plaisirs qui portent au cœur. — Ce ne sont pas toujours les fautes qui nous perdent ; c'est la maniere de se conduire après les avoir faites. L'humble aveu de nos fautes désarme la haine, et émousse la colere. Les femmes qui ont le malheur de se dérober à leur devoir, de blesser la bienséance, de révolter la vertu et la pudeur, doivent ce respect à l'usage et à l'honnêteté violée, de paraître avec un air humilié : c'est une espece de réparation que le public demande : il se souvient de vos fautes dès que vous les oubliez. Le repentir assure le changement. Prévenez la malignité naturelle qui est dans tous les hommes : mettez-vous à la place que leur orgueil vous destine. Ils vous veulent humiliée : quand vous aurez fait leur ouvrage, ils n'auront rien à vous demander. L'arrogance après les fautes les rappelle et les immortalise. — Passons, ma fille, aux devoirs de la société. J'ai cru qu'avant

106. Was die geselligen Pflichten betrifft, so ist ihre erste und Hauptforderung, nicht blos für sich, sondern auch für andere zu sorgen. Das bürgerliche Leben ist ein Umtausch gegenseitiger Liebesdienste, und schon die Klugheit gebietet uns, auch für unsere Mitmenschen zu leben.

107. Niemand verdient unsern Hass in so hohem Grade, als Personen, welche ohne zu erröthen es ankündigen kœnnen, dass sie alle ihre Handlungen nur auf sie selbst beziehen. Dieser entschiedene Egoïsm erzeuget die grœssten Verbrechen, allein auch geringere Grade desselben hindern allezeit die Tugend, und stœren die Freuden der Gesellschaft.

108. Es ist unmœglich, in næherer Verbindung mit Personen zu bleiben, in welchen die Eigenliebe herrscht, und die diese Eigenliebe andere fühlen lassen. Indessen hat jeder Mensch Liebe für sich, und kann sich von ihr, so lange er lebt, nicht losreissen, nur muss diese Liebe nie zum Nachtheil anderer wirksam seyn.

tout il fallait vous tirer de l'éducation ordinaire et des préjugés de l'enfance ; qu'il était nécessaire de fortifier votre raison, et de vous donner des principes certains pour vous servir d'appui. J'ai cru que la plupart des désordres de la vie venaient des fausses opinions, que les fausses opinions donnaient des sentimens déréglés, et que, quand l'esprit n'est pas éclairé, le cœur est ouvert aux passions ; qu'il faut avoir des vérités dans l'esprit, qui nous préservent de l'erreur ; qu'il faut avoir des sentimens dans le cœur, qui le ferment aux passions. Quand vous connaîtrez la vérité, et que vous aimerez la justice, toutes les vertus seront en sûreté.

106. Le premier devoir de la vie civile est de songer aux autres. Ceux qui ne vivent que pour eux tombent dans le mépris et dans l'abandon. Quand vous voudrez trop exiger des autres, on vous refusera tout, amitié, sentimens, services. La vie civile est un commerce d'offices mutuels : le plus honnête y met davantage : en songeant au bonheur des autres, vous assurez le vôtre ; c'est habileté que de penser ainsi.

107. Rien de plus haïssable que les gens qui font sentir qu'ils ne vivent que pour eux. L'amour-propre outré fait les grands crimes ; quelques degrés audessous, il fait les vices : mais, pour peu qu'il en reste, il affaiblit les vertus et les agrémens de la société.

108. Il est impossible de se lier aux personnes qui ont un amour-propre dominant, et qui le font sentir : cependant nous ne nous en dépouillerons jamais : tant que nous tiendrons à la vie, nous tiendrons à nous. Mais il y a un amour propre habile, qui ne s'exerce point aux dépens des autres.

109. Wir glauben uns zu erheben, indem wir unsere Mitmenschen herabwürdigen, diess macht uns verlæumderisch und neidisch. Gutheit aber, bringt mehr Gewinn, als Bosheit. Wenn man andern nach Kræften wohlthut, nur das Gute von andern redet, nie mit entscheidender Strenge über den Charakter, die Gesinnungen und Handlungen anderer richtet, so erlangt man einen schœnen und ausgebreiteten Ruf, jedermann beeifert sich, diesen Werth anzuerkennen, unsre Schwæchen zu mildern, und zur Erhœhung unsrer guten Eigenschaften beyzutragen, nicht auf die Herabwürdigung anderer, sondern auf unsre eignen Tugenden müssen wir unsern Ruf gründen

110. Eine reichhaltige Ursache vieler Leiden für uns ist, dass wir zu viel auf die Menschen rechnen. Das ist auch der Grund vieler Ungerechtigkeiten, die wir begehen. Oft beschweren wir uns über andere, nicht wegen dessen, was sie uns schuldig sind, sondern dessen, was wir von ihnen gehofft haben. Wir machen aus unsern Hoffnungen Rechte; kein Wunder, dass wir uns dabey oft verrechnen.

111. Sey nicht übereilt in deinen Urtheilen, leihe der Verlæumdung kein Ohr, traue dem ersten Anscheine nicht, und verurtheile nicht vorschnell. Bedenke, dass es wahrscheinliche Dinge giebt, die doch nicht wahr, und wahre, die doch nicht wahrscheinlich sind.

112. Man sollte bey Privaturtheilen über Menschen das Verfahren der œffentlichen Richter im Staate nachahmen, sollte nie über andere richten, bevor man auf das strengste untersucht, die Zeugen gehœrt und confrontirt hat.

109. Nous croyons nous élever en abaissant nos semblables : c'est ce qui nous rend médisans et envieux. La bonté rend bien plus que la malignité. Faire du bien quand on le peut, en dire de tout le monde, ne juger jamais à la rigueur : ces actes de bonté et de générosité souvent répétés vous acquierent enfin une grande et belle réputation. Tout le monde est intéressé à vous louer, à diminuer vos défauts, et à augmenter vos bonnes qualités. Il faut fonder votre réputation sur vos vertus, et non sur le démérite des autres. Comptez que leurs bonnes qualités ne vous ôtent rien, et que vous ne devez imputer qu'à vous la diminution de votre réputation.

110. Une des choses qui nous rend plus malheureuses, c'est que nous comptons trop sur les hommes : c'est aussi la source de nos injustices. Nous leur faisons des querelles non sur ce qu'ils nous doivent, ni sur ce qu'ils nous ont promis ; mais sur ce que nous avons espéré d'eux : nous nous faisons un droit de nos espérances, qui nous fournissent bien des mécomptes.

111. Ne soyez point précipitée dans vos jugemens, n'écoutez point les calomnies; résistez même aux premieres apparences, et ne vous empressez jamais de condamner. Songez qu'il y a des choses vraisemblables sans être vraies, comme il y en a de vraies qui ne sont pas vraisemblables.

112. Il faudrait dans les jugemens particuliers imiter l'équité des jugemens solemnels. Jamais les juges ne décident sans avoir examiné, écouté et confronté les témoins avec les intéressés : mais nous, sans mission, nous nous rendons les arbitres de la

113. Zuvorkommende Hœflichkeit ist eine wichtige gesellschaftliche Tugend; vermittelst ihrer setzest du dich unter Andere, über welche dich dein Stand erhebt, und eben desshalb ist diess eine edle Eigenschaft, weil sie der Selbstliebe Abbruch thut. Durch diese zuvorkommende Hœflichkeit entzieht man allezeit sich etwas, wodurch auf gewisse Weise der andere begünstigt wird; diese Hœflichkeit gehœrt unter die schœnsten Bande des geselligen Lebens, und ist diejenige Eigenschaft, wodurch die Zufriedenheit im Umgange mit Menschen vollendet wird.

114. Wir haben eine natürliche Begier zu herrschen; diess ist eine Neigung, welche mit der Ungerechtigkeit in genauem Einverstændnisse steht. Was in aller Welt berechtigt uns, uns über andere zu erheben? Nein, es giebt nur eine erlaubte und gesetzmæssige Herrschaft, die Herrschaft, meyne ich, welche man durch seine Tugend ausübt. Uebertriff also andere durch Güte und Edelmuth, thue es ihnen zuvor in Gefælligkeiten und Liebesdiensten, diess ist die einzige rechtmæssige Weise, dich zu erheben. Grosse Uneigennützigkeit macht dich auch unabhængig, und erhebt dich mehr als alles zeitliche Glück; nichts erniedrigt so sehr, als die Liebe zu Gütern der Erde.

réputation : toute preuve suffit , toute autorité paraît bonne , quand il faut condamner. Conseillés par la malignité naturelle , nous croyons nous donner ce que nous ôtons aux autres. De-là viennent les haines et les inimitiés ; car tout se sait. — Mettez donc de l'équité dans vos jugemens : cette même justice que vous ferez aux autres , ils vous la rendront. Voulez-vous qu'on pense et qu'on dise du bien de vous ? Ne dites jamais de mal de personne.

113. L'honnêteté , qui est une imitation de la charité , est aussi une des vertus de la société : elle vous met au-dessus des autres , quand vous l'avez à un degré plus éminent ; mais elle ne se pratique et ne se soutient qu'aux dépens de l'amour-propre. L'honnêteté prend toujours sur vous , et tourne au profit des autres : elle est un des grands liens de la société , et la seule qualité qui met de la sûreté et de la douceur dans le commerce.

114. Nous aimons naturellement à dominer : c'est un sentiment injuste : où sont nos droits , pour vouloir nous élever au-dessus des autres ? Il n'y a qu'une domination permise et légitime ; c'est celle que vous donne la vertu. Ayez plus de bonté et de générosité que les autres ; soyez en avances de services et de bienfaits : c'est le moyen de vous élever. Le grand désintéressement vous rend aussi indépendant , et vous éleve plus que la fortune même : rien ne nous abaisse tant que l'amour du bien. — Ce sont les qualités du cœur qui entrent dans le commerce : l'esprit ne lie point aux autres ; et vous voyez souvent des gens fort haïssables avec beaucoup d'esprit : ils vous donnent bonne opinion

k

115. Demuth ist nicht bloss eine christliche, sondern eine allgemeine gesellschaftliche Tugend. Sey demüthig, ohne kriechende Erniedrigung, die immer nur ein heimlicher Hochmuth ist. Hochmuth aber ist eine Selbsttæuschung über seinen eigenen Werth, und eine Ungerechtigkeit in Hinsicht dessen, was man bey andern scheinen will.

116. Guter Ruf ist ein schætzbares Gut, allein man muss nicht alles mit Ængstlichkeit darauf beziehen, man muss sich begnügen, sich seiner würdig zu machen.

117. Gewœhne dich, ohne Staunen und Neid zu sehen, was über dir, und ohne Verachtung, was unter dir ist. Nur kleine Seelen werfen sich vor der æussern Grœsse nieder; man muss nur Eins bewundern : die Tugend.

d'eux - mêmes, veulent dominer et abaisser les autres.

115. Quoique l'humilité n'ait été regardée que comme une vertu chrétienne, il faut pourtant convenir qu'elle est une vertu de la société, et si nécessaire, que sans elle vous êtes d'un commerce difficile. C'est l'idée que vous avez de vous-même qui vous fait soutenir vos droits avec tant de hauteur, et prendre sur ceux d'autrui. — Il ne faut jamais compter à la rigueur avec personne : l'exacte honnêteté ne demande point tout ce qui vous est dû. Avec vos amis ne craignez point d'être en avance. Si vous voulez être amie aimable, n'exigez rien avec trop de rigueur : mais afin que les manieres ne se démentent point, comme elles expriment les dispositions du dedans, faites souvent de sérieuses réflexions sur vos faiblesses, et vous montrez vous-même à découvert : vous tirerez de cet examen des sentimens d'humilité pour vous, et d'indulgence pour les autres. — Soyez humble sans être honteuse : la honte est un orgueil secret, et l'orgueil est une erreur sur ce que l'on vaut, et une injustice sur ce que l'on veut paraître aux autres.

116. La réputation est un bien très-desirable ; mais c'est faiblesse de la rechercher avec trop d'ardeur, et de ne rien faire que pour elle : il faut se contenter de la mériter. Il ne faut pas rejetter le sentiment de la gloire : c'est l'aide le plus sûr que nous ayions pour la vertu ; mais il est question de choisir la bonne gloire.

117. Accoutumez-vous à voir sans étonnement et sans envie, ce qui est au-dessus de vous, et sans mépris ce qui est au-dessous. Que le faste ne vous impose pas : il n'y a que les petites ames qui se prosternent devant la grandeur : l'admiration n'est

118. Fühlst du in dir einen Hang zum Hasse und zur Rache, so biete deine ganze Kraft auf, um diese niedrigen Leidenschaften zu unterdrücken. Du bist dem, welcher dich beleidigt, nur Verachtung schuldig, und diess ist eine leicht zu bezahlende Schuld. Kleine Vernachlæssigungen, deren man sich gegen dich schuldig macht, verdienen nur Nachsicht.

due qu'à la vertu. — Pour vous accoutumer à estimer les hommes par leurs qualités propres, considérez l'état d'une personne comblée d'honneurs, de dignités et de richesses, à qui il semble que rien ne manque, mais à qui tout manque effectivement, faute d'avoir les vrais biens : elle souffre autant que si sa pauvreté était réelle, puisqu'elle a le sentiment de la pauvreté. *Rien n'est pire*, dit un ancien, *que la pauvreté dans les richesses, parce que le mal tient à l'ame :* celui qui se trouve dans cet état a tous les maux de l'opinion, sans jouir des biens de la fortune ; il est aveuglé par l'erreur, et déchiré par les passions ; pendant qu'une personne raisonnable qui n'a rien, mais qui à la place des faux biens substitue de sages et de solides réflexions, jouit d'une tranquillité que rien n'égale. Le bonheur de l'un et le malheur de l'autre ne viennent que de la maniere différente de penser.

118. Si vous êtes sensible à la haine et à la vengeance, opposez-vous à ce sentiment : rien n'est si bas que de se venger. Si on vous a offensée, vous ne devez que du mépris ; et c'est une dette aisée à payer. Si on ne vous a manqué qu'en choses légeres, vous devez de l'indulgence. Mais il y a des tems d'injustices à essuyer dans la vie ; des tems où les amis pour qui vous avez le plus fait s'acharnent à vous blâmer. Après avoir tout mis en usage pour les désabuser, il ne faut point s'opiniâtrer à combattre contre eux. On doit courir après l'estime de ses amis ; mais quand vous trouvez des gens qui ne vous voient qu'au travers de la prévention ; quand vous avez affaire à ces imaginations ardentes et allumées, qui n'ont d'esprit que pour soutenir leurs injustices ; il faut se retirer et se calmer : quelques choses que vous fissiez, vous n'obtiendriez que de

119. Lass deine ganze Rache gegen den, der dich beleidigt, darin bestehn, dass du ihn mit einer Mæssigung behandelst, die noch grœsser ist, als der Hass, mit dem er dich angreift. Grosse Seelen nur kennen das Reizende, welches darinne liegt, dass man seinem Feinde verzeiht.

l'improbation. C'est alors qu'il faut opposer à leur injustice et à la honte de se dédire, le rempart de votre innocence et la certitude de n'avoir point failli. Songez que si dans le tems que l'on vous élevait, vous n'en valiez pas davantage, à présent que l'on vous abaisse, vous n'en valez pas moins. Il faut, sans en être plus humiliée, avoir pitié d'eux, ne se point irriter, s'il est possible, et dire : *Ils ont de mauvais yeux*. Faites réflexion qu'avec de bonnes qualités, on surmonte la haine et l'envie : que les espérances qu'on tire de la vertu vous soutiennent et vous consolent.

119. Ne songez à vous venger, qu'en mettant dans votre conduite plus de modération, que ceux qui vous attaquent n'ont de malice. Il n'y a que les ames élevées qui soient touchées de la gloire de pardonner. — Songez à vous estimer à bon titre, pour vous consoler de l'estime qu'on vous refuse. Vous ne pouvez vous permettre qu'une seule vengeance; c'est celle de faire du bien à ceux qui vous ont offensée; c'est la vengeance la plus délicate et la seule permise : vous satisfaites à votre sentiment, et ne prenez point sur les vertus. César nous en donne l'exemple : son lieutenant Labiénus l'abandonna dans le tems qu'il avait le plus besoin de lui, et passa dans le camp de Pompée; il laissa dans celui de César de grandes richesses : César les lui renvoya, et lui manda : *Voilà comme César se venge*. — Il est de la prudence de profiter des fautes des autres, quand même elles nous blessent; mais souvent ils commencent les torts, et nous-les achevons : nous usons mal des droits qu'ils nous donnent sur eux; nous voulons tirer trop d'avantages de leurs fautes : c'est une injustice et une violence qui met les spectateurs contre nous. Si nous souffrions avec modé-

120. Sey unverbrüchlich, wenn du dein Wort gegeben hast, und um deinem Worte das grœsste mœgliche Zutrauen zu verschaffen, so halte es jederzeit mit der pünktlichsten Feinheit. Auch in gleichgültig scheinenden Dingen, ehre die Wahrheit, und bedenke dass nichts veræchtlicher ist, als sie zu verletzen. Man hat gesagt, die Lüge kündige an, dass man die Gœtter verachte, und die Menschen fürchte, und dass derjenige den Gœttern gleiche, welcher durchaus Wahrheit sagt, und nur Gutes thut. Auch die Schwüre muss man vermeiden; das Wort des ehrlichen Mannes hat so viel Gewicht, als ein Schwur.

121. Die Artigkeit ist ein Verlangen zu gefallen, die Natur flœsst es uns selbst ein, Welt und Erziehung erhœhen es. Die Artigkeit ist gleichsam ein Anhang der Tugend; ja man will sogar sagen, sie sey in die Welt gekommen, als diese Tochter des Himmels sie verlassen hatte. In jenen rohern Zeiten, wo mehr Tugend herrschte als jetzt,

ration, tout serait pour nous, et les fautes de ceux qui nous attaquent doubleraient par notre patience. — Quand vous savez que vos amis vous manquent, dissimulez : dès que vous faites sentir que vous vous en appercevez, leur malignité augmente, et vous mettez leur haine en liberté. En dissimulant, vous flattez leur amour-propre : ils jouissent du plaisir de vous en imposer, ils se croient supérieurs, dès qu'ils ne sont point démêlés : ils triomphent de votre erreur, et jouissent du plaisir de ne vous point perdre. En ne leur faisant point sentir que vous les connaissez, vous leur donnez le tems de se repentir et de revenir à eux. Il ne faut qu'un service rendu à propos, ou une autre maniere d'envisager les choses, pour vous les rendre plus attachées.

120. Soyez inviolable dans vos paroles ; mais pour leur acquérir une entiere confiance, songez qu'il faut une extrême délicatesse à les garder. Respectez la vérité, même dans les choses indifférentes : songez que rien n'est si méprisable que de la blesser. On a dit que le mensonge fait voir que l'on méprise les dieux et que l'on craint les hommes ; que celui-là est semblable aux dieux qui dit la vérité, et qui fait du bien. Il faut aussi éviter les sermens : la seule parole d'une honnête personne doit avoir toute l'autorité des sermens.

121. La politesse est une envie de plaire : la nature la donne, et l'éducation et le monde l'augmentent. La politesse est un supplément de la vertu : on dit qu'elle est venue dans le monde, quand cette fille du ciel l'a abandonné. Dans les tems les plus grossiers, où la vertu regnait davantage, on connaissait moins la politesse : elle est venue avec la

kannte man die Artigkeit weniger, sie trat ein
mit der überhandnehmenden Wollust, ist die Tochter
des Luxus und der Verzærtelung; man ist streitig,
ob sie næher mit dem Laster, oder næher mit
der Tugend verwandt sey. Ohne mir ein entschei-
dendes Urtheil anzumassen, darf ich wenigstens
meine Privatmeynung sagen. Ich, für meine Person,
halte s e für eines der schœnsten Bande des geselligen Lebens, weil sie zu der Friedlichkeit und dem
sanften Tone desselben so viel beytrægt; sie ist eine
Vorbereitung zur Menschenliebe, und eine Kopie
der Demuth.

122. Die wahre Artigkeit ist mit Bescheidenheit
verknüpft; da sie zu gefallen sucht, so weiss
sie, dass das beste Mittel, zu diesem Zwecke zu
gelangen, darin bestecht, dass man zeige, man
ziehe sich andern in keinem Stücke vor, widme ihnen
vielmehr in unsrer Achtung den ersten Rang.

123. Stolz entfernt uns von der Vertraulichkeit
des geselligen Lebens. Unsre Eigenliebe weist uns
einen Rang an, den uns übrigens jedermann streitig
macht, und diese Eigenliebe wird beynahe immer
durch allgemeine Verachtung bestraft. Die Artigkeit
ist die Kunst, seine Verbindlichkeiten gegen andere
mit seinen Verbindlichkeiten gegen sich selbst, auf
eine angenehme Weise zu vereinigen. Diese Verei-
nigung ist keine Kleinigkeit, denn jene Verbindlichkeiten haben ihre Grenzen. Ueberschreitet man
diese, so erfolgt auf der einen Seite Schmeicheley
in Beziegung auf andre; auf der andern, Stolz in
Beziehung auf uns. Man kann denken, wie
angenehm verführerisch es sey, diese Grenzen zu
halten.

124. Die artigsten Personen zeigen immer
Sanftmuth in ihrem Betragen, und Eigenschaften,

volupté, elle est la fille du luxe et de la délicatesse : on a douté si elle tenait plus du vice que de la vertu. Sans oser décider, ni la définir, m'est-il permis de dire mon sentiment ? Je crois qu'elle est un des plus grands liens de la société, puisqu'elle contribue le plus à la paix : elle est une préparation à la charité, une imitation même de l'humilité.

122. La vraie politesse est modeste ; et comme elle cherche à plaire, elle sait que les moyens pour y réussir sont de faire sentir qu'on ne se préfere point aux autres ; qu'on leur donne le premier rang dans notre estime.

123. L'orgueil nous sépare de la société : notre amour-propre nous donne un rang à part qui nous est toujours disputé : l'estime de soi-même qui se fait trop sentir est presque toujours punie par le mépris universel. La politesse est l'art de concilier avec agrément ce qu'on doit aux autres, et ce qu'on se doit à soi-même ; car ces devoirs ont leurs limites, lesquelles passées, c'est flatterie pour les autres, et orgueil pour vous : c'est la qualité la plus séduisante.

124. Les personnes les plus polies ont ordinairement de la douceur dans les mœurs, et des qua-

welche die Geselligkeit begünstigen. Sie sind es, wenn ich so sagen darf, die den Gürtel der Venus besitzen.

125. Stillschweigen ist einem jungen Frauenzimmer jederzeit anständig; es erscheint dann mit Bescheidenheit und Würde. Stillschweigend kannst du über andre ein heimliches Gerichte halten, wæhrend du selbst nichts auf das Spiel setzest. Aber hüte dich, dass dein Schweigen nicht etwa Stolz und Uebermuth verrathe; immer müsse es nur als eine Folge bescheidener Zurückhaltung erscheinen, mit Entfernung jedes Anstrichs von Stolz. Auf jeden Fall lass dir die Regel eingeschærft seyn, ehe du redest, allezeit zu denken. Denn nur dann, wenn deine Ideen neu und auseinander gesetzt sind, werden auch deine Gespræche Klarheit besitzen.

126. Spiele nie die Rolle eines witzigen Frauenzimmers; diess verræth nie ein guten Charakter, und selten erwirbt man dadurch Achtung für sich, dass man andre zu lachen macht.

lités liantes. C'est la ceinture de Vénus ; elle embélit et donne des graces à tous ceux qui la portent : avec elle vous ne pouvez manquer de plaire. — Il y a bien des degrés de politesse : vous en avez une plus fine à proportion de la délicatesse de l'esprit. Elle entre dans toutes vos manieres, dans vos discours, dans votre silence même. — L'exacte politesse défend qu'on étale avec hauteur son esprit et ses talens. Il y a aussi de la dureté à se montrer heureux à la vue de certains malheurs. Il ne faut que du monde pour polir les manieres ; mais il faut beaucoup de délicatesse pour faire passer la politesse jusqu'à l'esprit. Avec une politesse fine et délicate, on vous passe bien des défauts, et on étend vos bonnes qualités. Ceux qui manquent de manieres ont plus besoin de qualités solides, et leur réputation se forme lentement. Enfin la politesse coûte peu, et rend beaucoup.

125. Le silence convient toujours à une jeune personne : il y a de la modestie et de la dignité à le garder : vous jugez les autres, et vous ne hasardez rien. Mais gardez-vous d'avoir un silence fier et insultant ; il faut qu'il soit l'effet de votre retenue, et non pas de votre orgueil. Mais, comme on ne peut pas toujours se taire, il faut savoir que la premiere regle pour bien parler, c'est de bien penser. — Quand vos idées seront nettes et démêlées, vos discours seront clairs. Qu'ils soient remplis de pudeur et de bienséance. Respectez dans vos discours les préjugés et les coutumes. Les expressions marquent les sentimens, et les sentimens sont les expressions des mœurs.

126. Il faut sur-tout éviter le caractere plaisant ; c'est toujours un mauvais personnage ; et rarement en faisant rire se fait-on estimer.

127. Suche im geselligen Umgange mehr die Unterhaltung andrer geltend zu machen, als selbst zu glænzen. Hœre gern zu, und bezeige weder in deinem Blicke, noch in deinen Manieren etwas zerstreutes.

128. Erzæhle in Gesellschaft nicht viel, aber, was du erzæhlst, auf ein feine und einfache Art. Siehe zu dass deine Worte und deine Wendungen nicht alltæglich seyn. Die Welt ist voll von Menschen, welche den Ohren Tœne übergeben, und dem Geiste nichts sagen. Wenn man spricht, muss man zu gefallen, oder zu unterrichten suchen. Forderst du Aufmerksamkeit, so musst du sie durch Vergnügen bezahlen. Ein Gespræch von mittelmæssigem Gehalte kann nicht zu kurz seyn.

129. Billige, was deinen Beyfall verdient, aber sey nicht verschwenderisch mit dem Bewundern. Œftere Bewunderung ist das Erbtheil der Thoren.

130. Gewœhne dich, menschlich und gütig gegen deine Bediente zu seyn. Ein Alter sagt : *Man muss seine Bediente betrachten wie unglückliche Freunde.* Bedenke, dass der ungeheure Abstand zwischen dir und ihnen nur ein Werk des Zufalls ist; lass ihnen also ihren Zustand nicht fühlen, lege nicht neue Lasten auf ihre Leiden; nichts ist niedriger, als sich übermüthig gegen Personen zu betragen, die sich uns, von Schicksal und Nothdurft gedrungen, unterwarfen.

127. Ayez attention aux autres bien plus qu'à vous ; songez plutôt à les faire valoir qu'à briller. Il faut savoir bien écouter et ne montrer, ni dans ses yeux, ni dans ses manieres, un air distrait.

128. Contez peu ; narrez d'une maniere fine et serrée : que ce que vous direz soit neuf, ou que le tout en soit nouveau. Le monde est rempli de gens qui portent des sons à l'oreille, sans rien dire à l'esprit. Il faut, quand on parle, plaire ou instruire. Quand vous demandez de l'attention, il faut la payer par l'agrément. Un discours médiocre ne saurait être trop court.

129. Approuvez, mais admirez rarement : l'admiration est le partage des sots. Eloignez de vos discours l'art et la finesse : la principale prudence consiste à parler peu, et à se défier plus de soi-même que des autres. Une conduite droite, la réputation de probité, attirent plus de confiance et d'estime, et à la longue plus d'avantages de la fortune, que les voies détournées. Rien ne vous rend digne des plus grandes choses, et ne vous met au-dessus des autres, que l'exacte probité.

130. Accoutumez-vous à avoir de la bonté et de l'humanité pour vos domestiques. Un ancien dit, *qu'il faut les regarder comme des amis malheureux.* Songez que vous ne devez qu'au hasard l'extrême différence qu'il y a de vous à eux : ne leur faites point sentir leur état ; n'appesantissez point leur peine : rien n'est si bas que d'être haut à qui vous est soumis.

131. Bediene dich nicht harter Ausdrücke gegen sie; es giebt eine Menge derselben, die einer feinen und zart fühlenden Person gar nicht in den Sinn kommen sollten. Alle Knechtschaft læuft gegen die natürliche Gleichheit der Menschen; eine redatdenkende Person wird also die Hærte dieses Verhæltnisses mildern. Ohne Fehler kœnnen wir unsere Domestiken nicht erwarten, da wir ja selbst davon nicht frey sind. Und was für ein Schauspiel würdest du erœffnen, wenn du wegen eines solchen Verstosses vor Unwillen und Hitze ausser dir schienest? — Ich will damit gar nicht sagen, dass du eine Vertraulichkeit mit deinen Dienstboten eingehen solltest. Allein ich fordere, dass du ihnen diejenigen Rathschlæge, Hülfsleistungen und Wohlthaten zukommen lassest, die ihrem Bedürfnisse und ihrem Stande angemessen sind.

132. Uebrigens bitte ich dich, an den Schmeicheleyen deiner Domestiken keinen Geschmack zu finden, wie oft sie auch wiederholt werden mœchten. Du wirst diess auch nicht, wenn du bedenkst, dass diese Leute nur zum Dienste für deine Schwæchen und deinen Stolz bezahlt werden.

131. N'usez point de termes durs : il en est d'une espece qui doivent être ignorés d'une personne polie et délicate. Le service étant établi contre l'égalité naturelle des hommes, il faut l'adoucir. Sommes-nous en droit de vouloir nos domestiques sans défauts, nous qui leur en montrons tous les jours? Il faut en souffrir. Quand vous vous faites voir pleine d'humeur et de colere, (car souvent on se démasque devant son domestique,) quel spectacle n'offrez-vous point à leurs yeux? Ne vous ôtez-vous pas le droit de les reprendre? Il ne faut pas avoir avec eux une familiarité basse ; mais vous leur devez du secours, des conseils et des bienfaits proportionnés à votre état et à leur besoin.

132. Il faut se conserver de l'autorité dans son domestique, mais une autorité douce. Il ne faut pas aussi toujours menacer sans châtier, de peur de rendre les menaces méprisables ; mais il ne faut appeller l'autorité que quand la persuasion manque. Songez que l'humanité et le christianisme égalent tout. L'impatience et l'ardeur de la jeunesse, jointes à la fausse idée qu'on vous donne de vous-même, vous font regarder les domestiques comme des gens d'une autre nature que la vôtre. Que ces sentimens sont contraires à la modestie que vous vous devez, et à l'humanité que vous devez aux autres ! — N'ayez point de goût pour la flatterie des domestiques; et pour empêcher l'impression que les discours flatteurs et souvent répétés peuvent faire sur vous, songez que ce sont des gens payés pour servir vos faiblesses et votre orgueil.

m

133. Solltest du , meine Tochter, unglücklicher-weise diesen mütterlichen Rathschlægen untreu werden, so sind sie doch für mich nicht verlohren, meine Verbindlichkeiten werden dadurch verstærkt, dass ich sie auch dir gegeben habe. Ich bin nun doppelt aufgefordert , nach Tugend zu ringen.

134. Es geschieht nicht ohne Demüthigung, meine Tochter , dass ich dir über Gegenstænde schreibe, die mich an alle meine eignen Fehler erinnern. Indem ich dir sie zeige , nehme ich mir das Recht, dich zur Verantwortung zu ziehen, ich gebe dir die Waffen gegen mich in die Hand; Waffen, deren du dich bedienen kannst, wenn du findest, dass ich Laster besitze, die den Tugenden entgegen gesetzt sind, welche ich von dir fordre. Denn Rathschlæge sind ohne Nachdruck , wenn sie nicht vom Beyspiele unterstützt werden.

ENDE.

133. Si par malheur, ma fille , vous ne suivez pas mes conseils ; s'ils sont perdus pour vous, ils seront utiles pour moi : par ces préceptes , je me forme de nouvelles obligations. Ces réflexions me sont de nouveaux engagemens pour travailler à la vertu. Je fortifie ma raison, même contre moi , et me mets dans la nécessité de lui obéir ; ou je me charge de la honte d'avoir sû la connaître , et de lui avoir été infidele.

134. Rien de plus humiliant, ma fille, que d'é-crire sur des matieres qui me rappellent toutes mes fautes : en vous les montrant, je me dépouille du droit de vous reprendre ; je vous donne des armes contre moi , et je vous permets d'en user, si vous voyez que j'aie les vices opposés aux vertus que je vous recommande ; car les conseils sont sans auto-rité , dès qu'ils ne sont pas soutenus par l'exemple.

F I N.

Le cit. Peyre, auteur de l'*Ecole des Peres*, vient de publier une comédie fort bien écrite, intitulée *la Maison de l'Oncle*.

Les Fables de Lessing, en français et en allemand, avec une traduction interlinéaire par A. M. H. Boulard, paraissent chez Kœnig.

Le cit. Lacretelle le jeune, ainsi que les auteurs des *Nouvelles Politiques* et du *Publiciste*, ont souvent plaidé la cause des malheureux et de l'humanité.

Puissions-nous voir bientôt rendre à leurs familles les infortunés ecclésiastiques, qui languissent à Cayenne et à Oléron, ainsi que Henry Lariviere, Lemerer, Camille Jordan et les autres députés et journalistes, qui ont été déportés sans être ni jugés ni entendus !

Je ne puis m'empêcher de transcrire ici le mot bien touchant que l'abbé de Malaret vient de dire en sortant de la prison du Temple : *Ressouvenons-nous toujours de ceux qui nous ont rendu la liberté ; oublions ceux qui nous l'avait ôtée, et ne gardons aucun ressentiment contre eux.*